LOS SELLOS SOLARES Y LOS TONOS GALÁCTICOS

La visión e interpretación de
Cósmico Guerrero 156

ROBERTO GOLDENBERG PFEIFER

LOS SELLOS SOLARES Y LOS TONOS GALÁCTICOS

La visión e interpretación de un Descubridor

Cósmico Guerrero 156
Roberto Goldenberg Pfeifer

GOLDENBERG, ROBERTO
Los Sellos Solares y los Tonos Galácticos

209 p.; 15,24x22,86 cms

ESOTERISMO Y CIENCIAS OCULTAS

EDITORIAL

Dirección Editorial:

Roberto Goldenberg Pfeifer

Diseño Interior y portada: Roberto Goldenberg Pfeifer

1a Edición: Octubre 2023

© 2023 por Roberto Goldenberg Pfeifer. Inscripción No A-243247. Santiago de Chile.

Créditos de la información: José Arguelles
Y a las páginas: www.lawoftime.org / www.13lunas.net

El presente libro no puede ser reproducido ni en todo ni en parte, ni archivado, ni Transmitido por ningún medio mecánico, ni electrónico, de grabación, CD-ROM, fotocopia, microfilmación u otra forma de reproducción, sin la autorización de su editor.

DEDICATORIA

A Hunab Ku, el dador de movimiento y medida. A mi familia, Anita, Zoe y Mia, a mis padres, suegros y todos los seres queridos que me han acompañado en este camino. A mi yo del pasado, por permitirme sanar las heridas que no me dejaban avanzar, y a mi yo del futuro, quien me recuerda constantemente como tengo que ser y el camino que debo recorrer.

ÍNDICE

Agradecimientos.. i
Confesión del Autor... 3
La Finalidad de este Libro... 6
Breve Introducción a los Conceptos Claves de la Ley del Tiempo... 8
Como Leer este Libro.. 14
Capítulo I: Los Sellos Solares... 17
    EL DRAGON ROJO... 18
    EL VIENTO BLANCO.. 25
    LA NOCHE AZUL... 32
    LA SEMILLA AMARILLA.. 39
    LA SERPIENTE ROJA.. 46
    EL ENLAZADOR DE MUNDOS BLANCO............... 53
    LA MANO AZUL... 60
    LA ESTRELLA AMARILLA..................................... 67
    LA LUNA ROJA.. 74
    EL PERRO BLANCO... 81
    EL MONO AZUL... 88
    EL HUMANO AMARILLO....................................... 95
    EL CAMINANTE DEL CIELO ROJO....................... 102
    EL MAGO BLANCO... 109
    EL AGUILA AZUL.. 116
    EL GUERRERO AMARILLO................................... 123
    LA TIERRA ROJA.. 130
    EL ESPEJO BLANCO... 137
    LA TORMENTA AZUL... 144
    EL SOL AMARILLO... 151
Capítulo II: Los Tonos Galácticos................................... 158
    EL TONO MAGNETICO.. 159
    EL TONO LUNAR.. 161
    EL TONO ELECTRICO.. 163
    EL TONO AUTO-EXISTENTE................................ 165

EL TONO ENTONADO 167
EL TONO RITMICO 169
EL TONO RESONANTE 171
EL TONO GALÁCTICO 173
EL TONO SOLAR 175
EL TONO PLANETARIO 177
EL TONO ESPECTRAL 179
EL TONO CRISTAL 181
EL TONO COSMICO 183
Anexos 185
   Anexo I: Tablas de Sincronización 186
   Anexo II: Tablas de Memorización 192
   Anexo III: Definiciones y Esquemas de Organización
   de los Sellos Solares 195
   Anexo IV: Oráculo de la Quinta Fuerza 204

AGRADECIMIENTOS

Desde lo más profundo de mi corazón, quiero expresar mi eterna gratitud a Anita, mi compañera de vida. Han sido casi 20 años de aventuras juntos, y en cada una de locuras y etapas, especialmente durante la escritura de este libro y la creación de los videos y materiales complementarios, siempre has estado a mi lado. A Zoe y Mia, mis queridas hijas, cada día me inspiran y reflejan lo más auténtico de mi esencia. Sin ustedes, esta travesía no tendría el mismo significado, y por eso les agradezco con todo mi ser. También quiero agradecer a mis padres y suegros y hermanos por su constante apoyo incondicional. A todos aquellos que han formado parte de mi camino, cada uno de ustedes ha dejado una lección invaluable que me ha traído hasta este instante. Les estoy profundamente agradecido.

In Lak´ech

CONFESIÓN DEL AUTOR

¡Bendecido momento presente Kines Planetarios! Seguramente no hemos tenido el placer de conocernos, pero te agradezco profundamente que hayas decidido adquirir este libro. Tal vez hace poco te llamó la atención el fascinante mundo de los Sellos Solares y los Tonos Galácticos, conceptos a los cuales comúnmente accedemos a través del Tzolkin, el Sincronario de 13 Lunas de 28 días, o la Ley del Tiempo. Si llegaste a este libro es porque, de alguna manera, esta información ha resonado en lo más profundo de tu ser. Por eso ¡te felicito y te doy la bienvenida!

Permíteme presentarme. Al nacer, mis padres me llamaron Roberto Goldenberg Pfeifer. Sin embargo, siempre sentí que este nombre no captura toda la complejidad de mi ser de diversas maneras. A lo largo de la vida, cada uno de nosotros adopta distintas variaciones de su nombre, ya sean sobrenombres o nombres que resuenan en momentos claves de nuestra historia personal. Para mí, el descubrimiento de esta información dio inicio a una nueva fase en mi vida, la cual luego de alrededor de 20 años me ha llevado a comprender que finalmente lo que debemos hacer es abrazar o encarnar lo que en la Ley del Tiempo se conoce como el Arquetipo Galáctico. Este concepto se ha convertido para mí en una especie de mapa del alma que he estado descifrando e incorporando en diversas facetas y dimensiones de mi existencia. Por esta razón, hoy me identifico más con el nombre de Cósmico Guerrero 156, una variante del Guerrero Cósmico Amarillo, que simboliza mi Firma Galáctica, y cuyo Arquetipo Galáctico es el Descubridor.

Quisiera hacer una aclaración antes de comenzar, o más bien un llamado de sinceridad: no poseo la verdad absoluta ni considero ser un ejemplo para nadie. Durante mi vida, como todos, he cometido errores y he tenido aciertos. Pero eso no es lo importante; lo relevante es que cada uno de nosotros tiene la misión de auto-descubrirse. Por ello, te invito a que cuestiones todo lo que leas aquí. Este libro es solo una guía para ayudarte a encontrar tu propia verdad, que en última instancia es la única que importa.

La idea de escribir este libro surgió en un momento en que tuve el espacio necesario para condensar todo el conocimiento que he adquirido a lo largo de los años de estudio. Lo escribí en primera instancia para mí mismo, como una forma de materializar tridimensionalmente mi experiencia con los códigos del tiempo. Así que, al leer este libro, te invito a no limitarte a lo que tengo que decir sobre cada uno de los códigos. Te animo a hacer tus propias interpretaciones y encontrar tu propia verdad. Por este motivo, siempre recomiendo que consultes las fuentes originales, ya que pueden ofrecer más perspectivas o dimensiones sobre el tema. En este sentido, la fuente principal de esta información se encuentra contenida en libro del Encantamiento del Sueño, o Dreamspell en inglés, obra ofrecida por José y Lloydine Arguelles, a quienes agradezco profundamente por su entrega y dedicación como promotores y activitas del nuevo tiempo. Es ahí donde se encuentra toda la información en su estado más puro. Todo lo demás, incluido este libro, son diferentes interpretaciones o visiones de lo mismo. Si ya leíste el Encantamiento del Sueño, sabes de lo que hablo, y si no, te invito a que lo revises. Puedes encontrarlo fácilmente en internet ya que se encuentra disponible de manera gratuita para todos.

Pero antes de comenzar, te quiero agradecer por tu curiosidad, esfuerzo y dedicación. El camino para aprender los códigos de la Ley del Tiempo es arduo y exige memorización y práctica constante para internalizar los conceptos. Es un trabajo que se va acumulando día a día, como distintas capas, y no tengo dudas de que, una vez es comprendido, revela a cada uno su profundo significado. Pero como ya te mencione anteriormente, no me creas; compruébalo por ti mismo.

Por último, quiero comentarte que este libro es un documento en evolución. Planeo mejorarlo y actualizarlo continuamente. Si ya adquiriste este libro, recibirás actualizaciones por correo electrónico cada vez que haga una actualización para que puedas descargar la versión más reciente. De esta manera, mantenemos la información actualizada y la conexión viva más allá de la simple adquisición de un documento.

Espero que disfrutes del contenido y que te enriquezca tanto como a mí me ha enriquecido escribirlo. Te deseo un viaje lleno de descubrimientos y revelaciones. Como ya he mencionado, esta es mi visión e interpretación de los Sellos Solares y los Tonos Galácticos. Cuando desarrolles los tuyos, te invito a que puedas compartirlos conmigo para así sincronizar nuestras mentes.

In Lak´ech

Cósmico Guerrero 156

LA FINALIDAD DE ESTE LIBRO

Como ya mencioné, te insto a no dar por sentado todo lo que leas en este libro. Escribir un libro, especialmente sobre un tema tan trascendental como los códigos de la Ley del Tiempo, puede parecer una manifestación del ego buscando reconocimiento o relevancia. Por esta razón, no puedo asegurar que lo que digo sea una verdad inmutable. Lo que busco es ofrecer una visión más amplia sobre los Sellos Solares y los Tonos Galácticos. Estoy consciente de que no todos tenemos las mismas aptitudes y condiciones para entender esta información en su forma más pura; después de todo, se trata de un código que debemos descifrar.

A lo largo de nuestra vida, todos atravesamos por diferentes etapas y desafíos, eso es indiscutible. Pero, ¿alguna vez te has preguntado qué es lo que nos une en esta diversidad de experiencias? En mi opinión, creo que uno de los elementos unificadores es la búsqueda de respuestas a preguntas trascendentales que, en algún momento, todos nos planteamos: ¿Quiénes somos? ¿Cuál es nuestro propósito en la vida?

Aunque vivimos en un sistema que raramente ofrece respuestas claras a estas preguntas, la finalidad de este libro es ayudarte a encontrar tus propias respuestas a través del entendimiento de tu Firma Galáctica, de tu Sello Solar y tu Tono Galáctico. Quiero enfatizar que, si bien este camino ha sido revelador y significativo para mí, no lo considero la única vía para entender nuestra existencia. Hay múltiples maneras de encontrar significado y propósito, y todas son válidas. Este libro simplemente presenta uno de esos caminos, el que para mí ha sido el más relevante y en el cual he encontrado una profunda verdad.

En definitiva, la finalidad de este libro es presentar algunos de los códigos fundamentales de la Ley del Tiempo, visualizados e interpretados desde la perspectiva de un Guerrero Cósmico Amarillo. No aspiro a ser la última autoridad en este tema; más bien, mi meta es proporcionar un recurso adicional y complementario al Encantamiento del Sueño para aquellos que quieran profundizar en estos códigos. Es por esto que he estructurado el libro de una manera accesible y comprensible, para que incluso aquellos sin conocimientos previos sobre la Ley del Tiempo puedan descubrir su Firma Galáctica y comenzar indagar en ella a través del reconocimiento de su Sello Solar y su Tono Galáctico.

Es fundamental mantener una mente abierta y un genuino deseo de aprendizaje cuando nos adentramos en el mundo de los códigos de la Ley del Tiempo. Este conocimiento desafía muchas de nuestras nociones preconcebidas sobre el tiempo y la existencia. Si no estás dispuesto a cuestionar tus propias creencias y paradigmas, tal vez este libro no sea para ti. Recuerda que evolucionar significa aprender algo nuevo, y para ello, debemos dejar atrás viejas inseguridades y miedos que nos limitan.

El proceso de autoconocimiento que te ofrezco implica sumergirte en dos de los conceptos más fundamentales de la Ley del Tiempo, los Sellos Solares y los Tonos Galácticos. Te invito a acompañarme en este viaje introspectivo y de autodescubrimiento. Cada código y reflexión te guiará hacia tu esencia y propósito. Después de todo, todos estos códigos residen en nosotros y, en conjunto, delinean la esencia de nuestro ser, con ciertos matices, por supuesto. Aunque este libro ofrece una interpretación personal, nunca pierdas de vista que la guía más auténtica está dentro de ti. Encuentra tu propia voz y verdad a través de estas palabras y, lo que es más importante, abre tu corazón para recibir y entender los misterios que el universo tiene para ti.

Al terminar este libro, tendrás con todas las herramientas necesarias para convertirte en un Crononauta, un viajero del tiempo que se mueve a través de los códigos del tiempo. Utiliza este libro no solo para descubrir tu propio Sello Solar y Tono Galáctico, sino también para comprender los códigos de quienes te rodean. La función primordial de la Ley del Tiempo es hacer consciente lo que antes estaba inconsciente; y eso, en última instancia, es lo que estaremos haciendo en este libro.

No nos demos más vueltas y ¡empecemos este viaje!

BREVE INTRODUCCIÓN A LOS CONCEPTOS CLAVES DE LA LEY DEL TIEMPO.

Iniciemos esta travesía definiendo qué es la Ley del Tiempo, ya que es el marco conceptual en donde encontramos los códigos de los Sellos Solares y los Tonos Galácticos.

La Ley del Tiempo es un sistema holístico de conocimiento descubierto, desarrollado y difundido por José y Lloydine Arguelles. Este conocimiento, al día de hoy, se encuentra resguardado y protegido por la aprendiz de José Arguelles, Stephanie South a través de la Fundación para la Ley del Tiempo.

En sus fundamentos, la Ley del Tiempo propone un sistema completo que orienta la mente hacia un enfoque galáctico y nos introduce en un reino psicomítico a través de la revelación de dos frecuencias de tiempo: una natural (13:20) y otra artificial (12:60).

Este sistema holístico nos guía por el camino de la elevación de conciencia a través de la definición y aplicación de varios conceptos novedosos, como lo son los Sellos Solares y los Tonos Galácticos, pero que, en definitiva, tiene como función acelerar el proceso evolutivo del planeta hacia un nuevo estado: la Noosfera Consciente.

En este sentido, la Ley del Tiempo no es solo una ley, sino también un principio universal. Nos revela que el tiempo es el factor de sincronización universal y nos ofrece una comprensión profunda del tiempo observada desde su propia dimensión, la cuarta dimensión. Sus fundamentos se encuentran articulados en la fórmula $T(E) = Arte$ (La energía factorizada por el tiempo es igual a arte), la cual nos muestra la elegancia intrínseca de todo fenómeno natural, definiendo al arte como cualquier proceso creativo.

Dentro de sus características más relevantes encontramos que la Ley del Tiempo afirma que la velocidad del tiempo es infinitamente instantánea, es decir, que se encuentra presente en todas partes en el mismo momento. Esto sugiere que la velocidad del tiempo supera incluso la velocidad de la luz, un factor que hace posible relacionar al Tiempo con la telepatía. La telepatía sería, entonces, la forma de comunicación más eficiente desde cualquier punto del espacio. Esta idea nos lleva a comprender que el espacio, en definitiva, es un punto infinitamente localizable, lo que significa que todo el espacio existe en un solo momento.

De acuerdo con la Ley del Tiempo, existe una constante o proporción que gobierna todos los fenómenos tridimensionales, denominada frecuencia natural 13:20. Esta constante define lo que conocemos como el Orden Sincrónico, un nuevo reino que por su naturaleza es de cuarta dimensión y en donde la sincronicidad es la norma. Por otro lado, se identifica una frecuencia artificial 12:60 que domina nuestra civilización globalizada. Esta frecuencia tiene su origen en el calendario gregoriano y el reloj mecánico, y es la causa de nuestra alienación del orden natural.

Según los principios de la Ley del Tiempo, la evolución humana depende de nuestro retorno a la frecuencia natural 13:20. Por esta razón, la primera aplicación práctica de la Ley del Tiempo es la implementación del Sincronario de 13 Lunas de 28 días.

Los calendarios son los programas base que rigen nuestra sociedad. Son programas que están tan inculcados en nuestro subconsciente que ni siquiera los cuestionamos. En su etimología, calendario proviene del latín "calenda," que hace referencia al libro en donde se pagan los impuestos y las deudas. En este contexto, la función de un calendario es la de recordarnos el pago de nuestros compromisos y/o obligaciones. Dado que el calendario gregoriano contiene meses de duraciones irregulares, esta irregularidad contribuye sistemáticamente a generar depresión y enfermedades mentales, puesto que fomenta el desorden.

Para entender plenamente la Ley del Tiempo, es crucial reconocer que seguimos inconscientemente la frecuencia artificial 12:60, que nos aleja de nuestro verdadero potencial y nos sumerge en una forma de esclavitud egocéntrica. En nuestra psique, el subconsciente almacena patrones de pensamiento que perpetúan esta limitación. La Ley del Tiempo busca iluminar estos aspectos ocultos, liberando nuestra mente y espíritu de las limitaciones impuestas por el orden mundial actual.

Para facilitar este viaje espiritual, la Ley del Tiempo ofrece una variedad de herramientas y ejercicios, en donde se incluyen los Sellos Solares y los Tonos Galácticos. Estos componentes son parte integral del sistema conocido como el Módulo Armónico o Tzolkin (Ver Imagen 1). Aunque este sistema oracular multidimensional se basa en la Cuenta Sagrada de los Mayas, también conocida como Chol'ki'j, su origen es aún más ancestral y vasto, ya que posee un origen galáctico.

La finalidad última del Tzolkin es servir como un canal de comunicación con la fuente creadora, G.O.D (Acrónimo de la Dinámica de Ordenamiento Galáctico por sus siglas en inglés), y nos sitúa como observadores y co-creadores de la realidad que experimentamos.

Los fundamentos del Orden Sincrónico y todos sus códigos se encuentran representados en su totalidad al interior del Encantamiento del Sueño, o "Dreamspell" en inglés. Aquí es donde se presenta la matriz Tzolkin como la herramienta fundamental para el viaje en el tiempo.

El Tzolkin o Módulo Armónico nos permite a comprender al tiempo desde un nivel más elevado. Esta herramienta funciona como una matriz de 13 x 20 unidades que se interconectan a través de distintos métodos. Actúa como una especie de Enciclopedia del Tiempo. Representa al movimiento del tiempo a través de una plantilla, que es de naturaleza radial, y funciona como una metáfora perfecta del circuito galáctico que se genera y renueva a sí mismo. En definitiva, el Tzolkin constituye toda una cosmología del número y un programa de la armonía.

Como toda matriz, está basada en números organizados en filas y columnas. En su interior, cada número actúa como una puerta dimensional que nos permite reorientar la mente hacia el tiempo de la cuarta dimensión.

En su esencia, el Tzolkin funciona como una matriz simbólica que representa a la luz y al sonido, y que se va entretejiendo para dar forma a 260 componentes o símbolos que informan nuestros sentidos y nuestra mente. Estos símbolos funcionan como señales que, cuando se activan, nos permiten acceder a percepciones que antes estaban ocultas.

Por lo tanto, nuestra misión es descubrir, a través de los

símbolos, cuáles son las sincronías que se nos van presentando en cada momento con el fin de encontrarles un sentido que pueda ser interpretado y aplicado en el momento presente. Algunos de estos símbolos a los que nos referimos son a los que llamamos Sellos Solares y Tonos Galácticos.

Los Sellos Solares son una serie de 20 símbolos, números o posiciones direccionales que representan diversas facetas de la luz. Estos son generalmente son ilustrados como glifos y su origen lo encontramos en los ciclos de inhalación y exhalación del Sol. Cada uno de los 20 Sellos Solares funciona como un código de activación genético y de memoria, que en términos de psicología moderna, son arquetipos o patrones de comportamiento.

Cuando se los considera en conjunto, los Sellos Solares simbolizan un proceso evolutivo. Sin embargo, si se los examina individualmente, cada Sello Solar resalta un momento específico dentro de ese proceso. De este modo, los Sellos Solares pueden interpretarse como eslabones en una cadena evolutiva, cada uno con una misión única, que manifiesta cualidades específicas.

Los Tonos Galácticos son 13 símbolos, números o radio pulsos que en realidad representan a los 13 poderes fundamentales de la creación. Estos tonos pueden ser interpretados como una secuencia de 13, que, de forma análoga, corresponden con la escala cromática musical compuesta por 8 tonos y 5 semitonos.

Su estructura es un reflejo de las dimensiones galácticas y cósmicas que describen colectivamente un proceso continuo de creación. Cualquiera de los 13 números, que interactúan en sucesión con los 20 Sellos Solares, configuran la matriz Tzolkin. En definitiva, la función última de los Tonos Galácticos es programar a los Sellos Solares para crear las 260 Firmas Galácticas que componen el Tzolkin (observar la Matriz Tzolkin para mayor comprensión).

En este sistema, cada día es denominado KIN (palabra que etimológicamente significa "día"), el cual esta codificado por una Firma Galáctica. Esta Firma Galáctica se compone a partir de la combinación de uno de los 13 Tonos Galácticos y uno de los 20 Sellos Solares, pero a su vez, despliega mucha más información. Esta combinación no solo identifica el KIN que estuvo presente durante nuestro nacimiento, es decir, qué Sello Solar y que Tono Galáctico estuvieron presentes ese día, sino que también codifica diariamente las frecuencias que están vibrando en cada uno de los días que experimentamos. De esta manera, esta combinación de frecuencias codificó a nivel celular información relevante sobre nuestra misión y propósito en la vida al momento de nuestro nacimiento. Toda esta información reside latente en nuestra Firma Galáctica.

Según la cosmología del Encantamiento del Sueño, cada individuo posee una Firma Galáctica, la cual es más compleja y constituye mucha más información que simplemente un Sello Solar y un Tono Galáctico. Esta Firma Galáctica también determina una Raza Raíz, una Familia, una Armónica, una Cromática, una Célula de Tiempo, una Onda Encantada y muchas otras dimensiones que forman parte del Orden Sincrónico. Sin embargo, también hay elementos dentro del Orden Cíclico, también conocido como el Sincronario de 13 Lunas de 28 días, como un Anillo Solar, un Plasma Radial y una Heptada, que son parte de esta compleja red de significados. Aunque hay otros conceptos más involucrados que los mencionados anteriormente, es crucial entender que la Firma Galáctica es mucho más que simplemente la unión de un Sello Solar y un Tono Galáctico.

Habiendo explorado superficialmente los conceptos básicos que componen al Tzolkin, ahora contamos con la base para adentrarnos más profundamente en este sistema simbólico y multidimensional. Conocer y comprender la relevancia de tu Sello Solar y tu Tono Galáctico su tu vida es solo el comienzo. En el siguiente capítulo, estaremos entregando una guía práctica para navegar por los conceptos que hemos introducido, permitiéndonos aplicar este conocimiento de una manera más efectiva en nuestra vida cotidiana.

¡Es el momento de dejar de ser meros espectadores y convertirnos en participantes activos en este viaje de autoconocimiento y sincronización!

IMAGEN 1

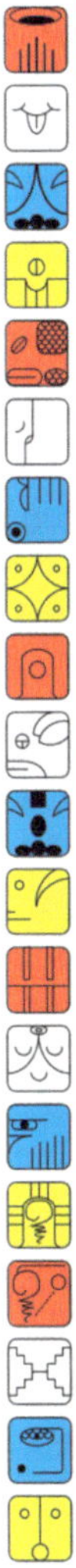

1	21	41	61	81	101	121	141	161	181	201	221	241
2	22	42	62	82	102	122	142	162	182	202	222	242
3	23	43	63	83	103	123	143	163	183	203	223	243
4	24	44	64	84	104	124	144	164	184	204	224	244
5	25	45	65	85	105	125	145	165	185	205	225	245
6	26	46	66	86	106	126	146	166	186	206	226	246
7	27	47	67	87	107	127	147	167	187	207	227	247
8	28	48	68	88	108	128	148	168	188	208	228	248
9	29	49	69	89	109	129	149	169	189	209	229	249
10	30	50	70	90	110	130	150	170	190	210	230	250
11	31	51	71	91	111	131	151	171	191	211	231	251
12	32	52	72	92	112	132	152	172	192	212	232	252
13	33	53	73	93	113	133	153	173	193	213	233	253
14	34	54	74	94	114	134	154	174	194	214	234	254
15	35	55	75	95	115	135	155	175	195	215	235	255
16	36	56	76	96	116	136	156	176	196	216	236	256
17	37	57	77	97	117	137	157	177	197	217	237	257
18	38	58	78	98	118	138	158	178	198	218	238	258
19	39	59	79	99	119	139	159	179	199	219	239	259
20	40	60	80	100	120	140	160	180	200	220	240	260

COMO LEER ESTE LIBRO

Es el momento de sumergirnos en los conceptos anteriormente mencionados e iniciar este viaje espiritual de autoconocimiento. Para iniciar, te invito a ir al final de este libro a la sección: Calcula tu Firma Galáctica. La Firma Galáctica es tu nombre o identidad cuatridimensional, que se deriva de tu fecha de nacimiento y se compone de uno de los 13 Tonos Galácticos y uno de los 20 Sellos Solares principalmente. Para guiarte en esta exploración, he preparado cuatro anexos al final del libro.

El primer anexo proporciona tablas para calcular tu Firma Galáctica y la de cualquier otra persona; lo único que necesitas es la fecha de nacimiento completa para garantizar precisión. Si bien existen muchas aplicaciones para celulares que hacen estos cálculos de manera automática, es importante mencionar que hay diferentes "cuentas"; por lo tanto, asegúrate de que la aplicación que descargues esté relacionada con la cuenta del Encantamiento del Sueño. Para confirmarlo, puedes introducir en la aplicación la fecha 26 de Julio de 1987; si aparece la Firma Galáctica del Mago Galáctico Blanco, KIN 34, estás en la cuenta correcta. Sin embargo, siempre se recomienda verificar la información directamente desde su fuente. En este sentido, la fuente en español es la página www.13lunas.net, la cual contiene toda la información necesaria para profundizar en tu Firma Galáctica, incluidos numerosos documentos gratuitos que te ayudarán a profundizar en estos conceptos.

El segundo anexo aborda las tablas de los Sellos Solares y los Tonos Galácticos. Memorizar estas tablas es crucial para instalarlas en tu mente y comenzar a vivir conscientemente a través de los códigos del tiempo. Empieza por aprender los nombres y los números que representan los 20 Sellos Solares y los 13 Tonos Galácticos. Cuando los domines y puedas recitarlos de manera fluida, podrás avanzar a memorizar su Acción, Esencia y Poder. Logrando esto, contarás con las bases para transformarte en un Crononauta, un navegante del tiempo.

En el tercer anexo, he incluido las distintas definiciones y esquemas de organización de los Sellos Solares. Esta información está diseñada para entender cómo se interrelacionan los Sellos, lo cual es útil al analizar las relaciones que mantenemos con otras personas o al interpretar las energías de días específicos. Si te surgen dudas respecto a la relación entre distintos Sellos Solares, este anexo te servirá de referencia. Para simplificar aún más la comprensión y aplicación de estos conceptos, he incluido un resumen en las fichas de cada Sello Solar.

Finalmente en el cuarto anexo, he incluido la fórmula para calcular el Oráculo de la Quinta Fuerza. Aunque en la ficha de cada Sello Solar incluí la base de este Oráculo, siempre es bueno saber cómo se calcula, pero más aún, saber cómo se calcula el Kin Guía. Si tu intención es profundizar más aún en tu Firma Galáctica, este anexo te servirá de mucho, ya que obteniendo los resultados podrás navegar por los Sellos Solares y los Tonos Galácticos de los Kines que ahí aparecen.

Después de obtener claridad sobre tu Firma Galáctica (Anexo I), estarás listo para sumergirte en los dos capítulos principales del libro: los Sellos Solares y los Tonos Galácticos.

Dado que tu Firma Galáctica se compone principalmente de un Sello Solar y un Tono Galáctico, mi sugerencia es que inicies por esas secciones específicas. Dichos Sellos y Tonos están organizados numéricamente, facilitando así su localización. Recuerda que en el Anexo 2 se encuentra el orden de estos códigos. Esta misma metodología la puedes aplicar para calcular la Firma Galáctica de otra persona o de un día específico. Te sugiero que comiences con la fecha del día en que estás leyendo estas palabras y que también calcules las fechas de tu familia.

En lo que respecta a la estructura de cada interpretación, cada una contiene una descripción del Sello Solar o del Tono Galáctico, así como una interpretación sobre la Acción, la Esencia y el Poder asociados a cada uno de ellos. También he incluido recomendaciones para días específicos en los que aparezcan estos códigos, además de descripciones de personalidad para cada Sello y Tono. Aunque hacer esto último podría no ser del todo correcto, me he atrevido a incluir una interpretación para proporcionar una perspectiva más amplia y accesible para quienes son nuevos en la Ley del Tiempo. Cabe señalar que mi intención no es la de etiquetar o encasillar a las personas en estos patrones de comportamiento específicos, sino ofrecer una reflexión basada en mi propia experiencia personal.

En este sentido, es relevante señalar que los Sellos Solares, en esencia, no poseen sombras, dado que son conceptos que reflejan la verdadera esencia de la luz en todos su esplendor y radiancia. Sin embargo, los seres humanos, al poseer un cuerpo tridimensional (cabe recordar que los códigos del tiempo son cuatridimensionales), generamos sombras. Por este motivo, opté por incluir algunos ejemplos en relación a este tema, aunque como mencioné anteriormente, no es del todo correcto.

Como nota aclaratoria, es importante remarcar que este libro es un libro interpretativo sobre los Sellos Solares y los Tonos Galácticos, ya que en realidad la información más esencial sobre ellos se resume en las tres palabras que los definen: la Esencia, la Acción y el Poder. Todo lo demás es interpretación personal a través de cada una de nuestras experiencias.

Para finalizar, te recomiendo que lleves un diario para anotar las sincronicidades que encuentres en tu vida y en las interacciones con los días y con tu entorno. Originalmente, consideré incluir un espacio en blanco entre cada uno de los códigos para este propósito, pero dado que el libro se publicará únicamente en formato digital, mantener un diario se vuelve aún más relevante. Es asombroso cuánta información valiosa puedes recopilar al documentar tus experiencias. En mi caso, llegué a anotar 1040 días continuos, o cuatro ciclos Tzolkin (260x4), de mis propias sincronías, lo cual me ayudó a entender cómo estos códigos se relacionan con mi experiencia personal.

Mi deseo final es que disfrutes de un enriquecedor viaje a través de mi visión sobre los Sellos Solares y los Tonos Galácticos, y que esta información te sirva para comprender distintas facetas de ti mismo y de tu vida. Gracias por permitirme acompañarte en este viaje

¡Estás listo para convertirte en un Kin Planetario! Un ser humano que se identifica con su Firma Galáctica y toma las riendas de tu vida en función de ella.

In Lak'ech.

CAPITULO I

LOS SELLOS SOLARES

EL DRAGÓN ROJO

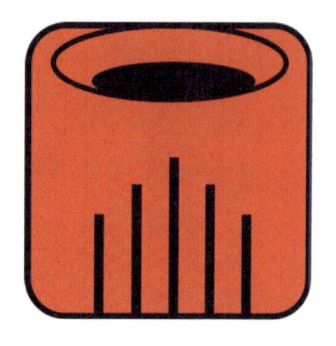

BASE ORÁCULO QUINTA FUERZA

Antípoda Destino Análogo

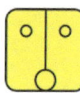

Oculto

Nombre Maya: IMIX
Código: 1
Nota Musical: Do
Dirección: Este
Planeta: Neptuno
Chacra: Laríngeo
Dedo: Índice Mano Derecha
Arquetipo: La Fuerza Primordial Reina del Trono, Galactatrón
Acción: Nutrir
Esencia: Ser
Poder: Nacimiento

Raza: Roja - Iniciar

Familia: Cardinal

Clan: Fuego

Célula: Entrada

DESCRIPCIÓN DEL SELLO SOLAR

El Sello Solar del Dragón Rojo representa al aspecto femenino de la creación. Este Sello simboliza el inicio de todo y actúa como la fuerza viva y constante que representa la fuente de la vida y la creatividad. Es un recordatorio de nuestro origen y de la sabiduría ancestral que nos une con los ciclos eternos de la existencia. Nos invita a reconocer y abrazar nuestra conexión inherente con el gran misterio de la vida, estableciendo un puente entre el pasado, el presente y el futuro, y fortaleciendo nuestra relación con el flujo incesante y sagrado del universo.

La Acción de Nutrir.

El Dragón Rojo nos entrega la acción de nutrir, una acción que va mucho más allá de la simple alimentación o sustento físico. Nutrir en este contexto implica un apoyo amoroso y constante, una guía y cuidado que facilitan el crecimiento y la prosperidad. Al igual que una madre alimenta y cuida a su hijo, el Dragón Rojo simboliza esta nutrición profunda y abarcadora, tanto en el cuerpo como en el espíritu.

Como fuente de vida, el Dragón Rojo representa la energía primordial de la cual todo emana. Es la base de la cual se construye todo, y en este sentido, es un símbolo universal de la Madre. La energía vital que proporciona no es simplemente una cuestión de supervivencia; es una fuerza creativa y nutritiva que da forma y sostiene todo lo que existe.

La acción de nutrir del Dragón Rojo también se puede entender como la base del movimiento y del cambio. Facilita los primeros pasos en cualquier nueva dirección. Al ofrecer estos primeros pasos, actúa como una guía, estableciendo el camino y ofreciendo la fuerza necesaria para movernos.

Esta nutrición va más allá de lo físico y se extiende a la nutrición emocional y espiritual. También ofrece un apoyo que es sensible y receptivo, solidario y protector. No se trata solo de satisfacer las necesidades básicas, sino de ofrecer un tipo de sustento que empodera, fortalece la confianza y fomenta la independencia.

En el corazón de esta acción de nutrir, encontramos también una conexión profunda con la ancestralidad del conocimiento. Al igual que la madre que transmite la sabiduría por generaciones, el Dragón Rojo lleva consigo una memoria ancestral. Esto fortalece su capacidad para nutrir, ya que comprende las necesidades más profundas y complejas de quienes buscan ayudar.

En definitiva, la acción de nutrir del Sello Solar del Dragón Rojo no se limita a la alimentación física, sino que abarca una nutrición completa y profunda del ser en todos los niveles. Como fuente de vida y símbolo de la Madre, el Dragón Rojo es un dador generoso y amoroso, proporcionando la energía vital y la base del movimiento que necesitamos para crecer y evolucionar.

La Esencia del Ser.

La esencia del Dragón Rojo es el Ser, una fuerza poderosa que va más allá de la simple existencia. Se refiere a la naturaleza intrínseca y fundamental de quien somos, a la identidad única y auténtica que reside en el corazón de cada individuo. Esta esencia no es algo que se pueda cambiar o alterar; es un núcleo firme e inmutable que define nuestra verdadera naturaleza.

La unidad es un aspecto clave de esta esencia. Representa la conexión entre todas las cosas, la comprensión de que todos estamos interconectados en un nivel fundamental. La unidad no significa uniformidad; en cambio, celebra la diversidad y la singularidad de cada ser mientras reconoce la conexión común que compartimos.

Por otro lado, la independencia refleja la libertad y la autodeterminación inherentes al Ser. No se trata de la capacidad de actuar por cuenta propia, sino de la habilidad de ser fiel a uno mismo, de seguir el camino que resuena con la verdad interior sin ser influenciado indebidamente por fuerzas externas.

La fuerza de voluntad es otra característica central de la esencia del Dragón Rojo. Es la determinación y la resolución que permiten que una persona persiga sus sueños y cumpla su destino. La fuerza de voluntad es lo que nos da el poder de superar obstáculos, enfrentar desafíos y seguir adelante, incluso cuando el camino se vuelve difícil.

El Ser también representa a la memoria cósmica. Es la conciencia de nuestro lugar en el universo, una comprensión de que somos parte de algo mucho más grande que nosotros mismos. La memoria cósmica conecta nuestra existencia individual con la totalidad del cosmos, ofreciendo una perspectiva más amplia y una comprensión más profunda de la vida misma.

En conjunto, estos aspectos de la esencia del Dragón Rojo crean una conexión profunda y segura con quiénes somos y nuestro origen. Es una invitación a vivir con autenticidad, integridad y propósito, reconociendo y honrando la verdad única y sagrada de nuestro Ser.

El Poder del Nacimiento.

El poder del Dragón Rojo es en el nacimiento, una fuerza mágica y fundamental que va más allá de la simple creación física. Representa el acto de traer algo a la existencia, sea una idea, un proyecto, una relación o una nueva fase de la vida. Es una fuerza vital que infunde vida en lo que antes no existía, y en este sentido, es un reflejo de la creatividad en su forma más pura y esencial.

La creatividad es una parte integral de este poder. Es la chispa que enciende la llama, la inspiración que lleva a la innovación y la imaginación. La creatividad no se limita al arte o la música; se encuentra en la forma en que abordamos los problemas, en la manera en que interactuamos con los demás, en la forma en que vemos y comprendemos el mundo a nuestro alrededor. El Dragón Rojo, con su poder de nacimiento, nos invita a abrazar esta creatividad en todos los aspectos de nuestras vidas.

La fuerza creativa del Dragón Rojo también está profundamente enraizada en la energía femenina. No es una fuerza dominante o agresiva, sino una fuerza receptiva y nutritiva, que permite y facilita el crecimiento. Es la energía que nutre y cuida, que protege y apoya, y que da vida a través del amor.

Este poder del Dragón Rojo también lo podemos vincular con el sonido primordial de la creación, una resonancia que constituye la base de toda existencia y reverbera a través del cosmos, uniendo todo en armonía divina. No es simplemente un eco del pasado; es una conexión profunda y resonante con la sabiduría y la verdad que habitan en nuestro ser. A través de este sonido, el Dragón Rojo nos guía en la recuperación de la memoria y en la reconexión con nuestros orígenes, recordándonos quiénes somos y de dónde venimos, y convocándonos a volver a nuestra esencia más auténtica y fundamental.

En definitiva, el poder del Dragón Rojo es una energía que nos invita a crear, a innovar, a comenzar de nuevo y a conectar con nuestra esencia más profunda. A través del poder del Nacimiento, el Dragón Rojo nos guía en un viaje de autodescubrimiento y crecimiento, ayudándonos a vivir con autenticidad, propósito y alegría.

EL DRAGÓN EN LAS PERSONAS DESPIERTAS

Las personas nacen bajo la energía del Dragón Rojo y logran sintonizarse con ella para despertarla, son vivaces y llenas de pasión. Exploran con deleite los misterios de la vida y sus mentes están frecuentemente generando ideas y conceptos nuevos para compartir con el mundo. Son individuos profundamente creativos y con un notorio amor por la innovación.

Cuando están despiertas, son personas receptivas, con una capacidad innata para conectarse con los demás a un nivel emocional. Son empáticas por naturaleza, comprenden instintivamente las emociones y necesidades de los demás y responden con compasión y apoyo. Son excelentes oyentes y consejeros, y a menudo proporcionan consuelo y guía a quienes están en dificultades. Esta sensibilidad también les permite ser excelentes mediadores, capaces de suavizar tensiones y fomentar la armonía en su entorno.

Las personas que se sintonizan con esta energía reconocen la fortaleza que emana de la vulnerabilidad, la sabiduría que proviene de la intuición y la belleza que surge de la empatía y el cuidado. Al abrazar esta energía femenina, se permite que fluyan la creatividad y la innovación, dando lugar a un equilibrio entre la pasión y la comprensión.

La energía del Sello Solar Dragón Rojo también les confiere una formidable confianza en sí mismos cuando están despiertos. En este sentido, son personas valientes y decididas, capaces de afrontar todos los desafíos y situaciones. No se amedrentan ante la incertidumbre, sino que la ven como una oportunidad para aprender y crecer. Al lograr su independencia y fortaleza interna, logran convertirse en líderes naturales, y a menudo inspiran a otros con su coraje y determinación.

Los Dragones Rojos despiertos son, en definitiva, seres apasionados, creativos, compasivos y valientes. Son empáticos y receptivos, fuertes y seguros, y poseen una profunda conexión con la ancestralidad y la sabiduría del universo. Son almas antiguas que llevan consigo el conocimiento y la comprensión de la vida, y a menudo actúan como guías y maestros.

EL DRAGÓN EN LAS PERSONAS DORMIDAS

Las personas que nacen bajo la energía del Dragón Rojo, pero que se encuentran dormidas debido a que no logran sintonizarse con ella, su mundo puede sentirse menos vibrante, menos alimentado por la fuerza vital y la creatividad. Aunque portan en sí mismos la energía de la fuente de vida, suelen sentirse desconectados de esta corriente, como si estuvieran a la deriva en un océano sin acceso a la nutrición que les proporciona su origen.

A pesar de su innata capacidad de dar nacimiento a nuevas ideas y posibilidades, pueden encontrarse en un estado de inercia, sin ganas a adentrarse en lo desconocido y explorar la infinidad de su ser. La memoria ancestral que habita en su interior a menudo puede permanecer silenciosa, olvidada, como un libro cerrado que espera ser abierto. Suelen sentirse desconectados de sus raíces, perdiendo la riqueza de sabiduría y orientación que proporciona la memoria cósmica.

Cuando están dormidos, los Dragones Rojo suelen tener dificultades para conectar con su energía femenina, en lugar de celebrar y aprovechar su poder, pueden sentirse intimidados o incómodos con ella. Lo mismo sucede cuando indagan en los misterios de la vida, los cuales pueden parecerles aterradores o confusos, en lugar de intrigantes y llenos de potencial.

Aunque en su interior habita una motivadora fuerza de voluntad, pueden sentirse apáticos o desmotivados, incapaces de canalizar su energía en la dirección de sus sueños y metas. En lugar de ser los creadores activos de su realidad, pueden verse a sí mismos como meros espectadores, desconectados de su propia fuerza creativa.

Finalmente, cuando están dormidas, suelen mostrarse menos receptivas, menos sensibles a las señales y oportunidades que el universo les ofrece. En lugar de fluir con la corriente de la vida, pueden resistirse a ella, limitando su capacidad de adaptación y renovación.

QUE HACER EN UN DÍA DRAGÓN

En el día del Dragón Rojo, es crucial honrar tus orígenes y conectarte profundamente con tu historia personal. Este es un día para reflexionar, para considerar cómo las experiencias del pasado han moldeado quién eres hoy. Cada éxito, cada fracaso, cada lección aprendida ha contribuido a tu crecimiento y evolución. Este es un momento para reconocer y agradecer por estos pasajes de vida.

También es importante estar conscientes de cómo alimentas tu cuerpo y tu espíritu en este día. La nutrición va más allá de lo físico; se extiende también a tu bienestar emocional y espiritual. Alimenta tu cuerpo con comidas nutritivas y saludables, y sacia tu espíritu con prácticas que te elevan, como la meditación, la oración o la lectura inspiradora.

La energía del Dragón Rojo también nos recuerda que todos somos parte de una gran red de vida. Intenta reconocer las conexiones que existen entre todas las cosas. Observa cómo tu vida está entrelazada con la de los demás y cómo cada acción que realizas tiene un efecto en el mundo que te rodea.

Un día Dragón también es un excelente día para celebrar la vida. Da gracias por cada nuevo amanecer, por cada oportunidad de aprender y crecer. Celebra tu existencia y la de todos los seres vivos. La vida es un regalo maravilloso y estamos invitados a apreciarla en toda su plenitud.

El Sello Solar del Dragón Rojo invoca la energía femenina en sus múltiples manifestaciones. Su simbolismo también encarna la sabiduría ancestral, la fortaleza, la compasión y el amor. En este día, puedes aprovechar esta poderosa energía para fomentar la conexión con tu yo interior, para abrazar tus cualidades femeninas, y para honrar y respetar a las mujeres y las figuras femeninas en tu vida.

Al culminar este día, recuerda ser amable contigo mismo y con los demás. Cada momento es un renacer, una oportunidad para empezar de nuevo con una mente clara y un corazón abierto. Agradece las bendiciones que has recibido y sumérgete en este día con el propósito de nutrir, crear, confiar y conectar.

EL VIENTO BLANCO

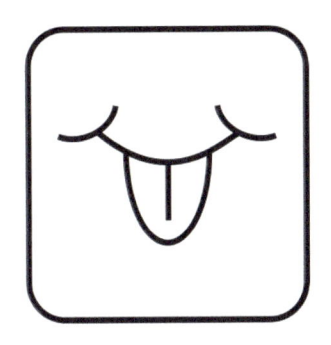

BASE ORÁCULO QUINTA FUERZA

Antípoda Destino Análogo

Oculto

Nombre Maya: IK
Código: 2
Nota Musical: Re
Dirección: Norte
Planeta: Urano
Chacra: Cardiaco
Dedo: Mayor Mano Derecha
Arquetipo: La Suma Sacerdotisa Urania, Dama de los Vientos
Acción: Comunicar
Esencia: Aliento
Poder: Espíritu

Raza: Blanca - Refinar

Familia: Central

Clan: Fuego

Célula: Entrada

DESCRIPCIÓN DEL SELLO SOLAR

El Sello Solar del Viento Blanco representa al aspecto masculino de la creación, y es un símbolo poderoso de comunicación, movimiento, y vida. En su esencia, encapsula el aliento divino que conecta y sustenta a todos los seres vivos, destacando el flujo constante de energía que une a la naturaleza con la realidad. Su influencia, aunque a menudo sutil e imperceptible, resuena en el núcleo de nuestra conciencia, recordándonos la interdependencia de la existencia y la reverencia hacia todo lo que nos rodea.

La Acción de Comunicar.

El Viento Blanco nos entrega la acción de comunicar, pero no haciendo únicamente referencia a un simple acto de hablar o transmitir, sino a un proceso profundo y espiritual de conectar, de trascender barreras y de acercar mundos.

La comunicación, en su esencia, es el puente entre lo conocido y lo desconocido, y el Viento Blanco, como portador de esta acción, actúa como ese puente. Es el canal por el cual la información, tanto mundana como divina, se transmite. Es el eco que resuena llevando consigo mensajes y revelaciones.

El Viento Blanco trae consigo a la voz y las palabras, herramientas primordiales en el arte de comunicar. Éstas son más que meros sonidos o conjuntos de letras; son el verbo de vida. Esta expresión, el verbo de vida, nos lleva a entender que cada palabra pronunciada, cada mensaje transmitido, tiene en sí una vida propia, un poder y una intención. No es simplemente hablar, sino dar vida a través de lo que decimos, infundiendo cada palabra con aire, energía y propósito.

Por otra parte, la comunicación no es un acto unilateral. No se trata solo de hablar, sino de crear un espacio para escuchar. La sinceridad, transparencia y franqueza son cualidades que el Viento Blanco nos muestra, instándonos a sociabilizar genuinamente. En un mundo donde las máscaras son comunes y las verdades a menudo se ocultan, el Viento Blanco nos invita a desnudar nuestros espíritus, a ser auténticos en nuestra comunicación, a dialogar desde el corazón, tanto con el mundo como con nosotros mismos. Es un recordatorio de que la comunicación genuina es bidireccional, un intercambio de realidades, pensamientos y sentimientos.

En definitiva, el comunicar, es una fuerza que fluye, que lleva y trae, que conecta y desconecta, pero siempre en búsqueda de la verdad. Nos recuerda que, no solo transmitimos cuando comunicamos, sino que también recibimos, y en ese intercambio constante, encontramos la esencia de la vida y de nuestra conexión con todo lo que nos rodea.

La Esencia del Aliento.

La esencia del Viento Blanco es el aliento. Este aliento va más allá del mero acto biológico de respirar, aparece como una metáfora de vida: una prueba del flujo incesante de energía que une a todos los seres vivos. El Viento Blanco, con su sabiduría innata, encapsula esta esencia en su máxima pureza, enfatizando su naturaleza divina y su conexión íntima con la existencia.

Como representación del aliento divino, es una expresión que nos conduce a lo trascendental, a esa fuerza vital que, siendo omnipresente, a menudo escapa a nuestra completa comprensión. Con cada inhalación, absorbemos una porción del mundo exterior, y con cada exhalación, ofrecemos algo de nosotros al universo. El Viento Blanco, como guardián de este aliento divino, es un recordatorio constante de la interdependencia de la vida. No es simplemente aire lo que respiramos, sino la esencia misma de la vida, la energía que impulsa y nutre a todas las criaturas, desde el más pequeño microorganismo hasta el ser humano más complejo.

Este entendimiento de que respirar va más allá de una simple función mecánica nos vincula con la naturaleza y el entorno que habitamos. Nos sintoniza con los ritmos universales, ese pulso constante que atraviesa toda la existencia. Es una interacción que nos recuerda que somos parte de algo mucho más grande que nosotros mismos.

Por otro lado, cada respiro es también un reflejo de nuestra esencia más profunda. En cada respiración, hay un momento de verdad, una oportunidad para enfrentar y abrazar nuestras polaridades, para reconciliar lo que somos con lo que deseamos ser. Es un espacio para la reflexión, la meditación y la aceptación, donde la dualidad se funde y se transforma en unidad.

En definitiva, el aliento del Viento Blanco nos insta a vivir con autenticidad y sencillez, a dejarnos llevar por el viento de la vida, sin resistencia ni temor. Es un llamado a estar presentes, a valorar la intimidad de cada momento, a respirar con consciencia y gratitud.

El Poder del Espíritu.

El poder del Viento Blanco es el espíritu. Este es el principio vital que infunde vida en todas las cosas y establece la interconexión entre todos los seres. El espíritu es una fuerza invisible, pero muy potente. Es la chispa de vida que impulsa la actividad, que facilita la movilidad y promueve la espontaneidad. Es el origen de la inspiración y la libertad, y la fuente de la sinceridad y la franqueza.

El espíritu visto como representación de la fuerza invisible que yace detrás de toda existencia, es una idea poderosa. Aunque no podemos ver el viento, sentimos su presencia, su impacto. De manera similar, el espíritu, aunque invisible, es el motor detrás de cada acción, pensamiento y emoción. Es lo que nos otorga propósito, lo que orienta nuestra dirección, lo que nos conecta con el cosmos. El Viento Blanco, al posicionarse como un co-creador de la realidad, enfatiza la importancia de este espíritu en la creación y manifestación de nuestro mundo. No es un mero observador pasivo, sino una entidad dinámica, un artífice que moldea, guía y define.

Este poder del espíritu es también una prueba de como todos estamos conectados. En un universo tan vasto y complejo, donde la diversidad reina, el espíritu es el hilo conductor que une, armoniza, y teje una red de relaciones y significados. Es un recordatorio constante de que no estamos solos, de que somos parte de un todo más grande, y de que cada acción, por pequeña que sea, tiene consecuencias. Aquí es donde surge la reverencia como parte intrínseca del poder del Viento Blanco, ese profundo respeto y admiración hacia todo lo que existe, esa perspectiva de que todo tiene un propósito, un valor, una esencia.

Al Viento Blanco también se le asocia con la libertad, la empatía y el respeto, lo que nos habla de un espíritu que no está encadenado, sino que se mueve libremente, que siente profundamente y que actúa con integridad. Es un purificador que despeja las impurezas, las dudas y los miedos, y nos conduce hacia un destino divino, hacia una realidad donde la verdad, la sinceridad y la honradez son pilares fundamentales.

EL VIENTO EN LAS PERSONAS DESPIERTAS

Los personas que nacen bajo la energía del Viento Blanco y logran sintonizarse con ella para despertarla, son transparentes y logran comunicar lo que desean con mucha facilidad, cualidades que les permiten interactuar de manera genuina y auténtica con todo su entorno. Son individuos que se distinguen por su sinceridad y franqueza, si miedos de expresar sus pensamientos y emociones. Esta autenticidad inherente las posiciona como personas de gran confianza, integridad y fidelidad con la verdad.

Cuando están despiertas, suelen irradiar una energía vivaz y rejuvenecedora. Navegan la vida con la espontaneidad, siempre preparadas para descubrir nuevas oportunidades y acoger los cambios. No se anclan en el pasado ni temen al futuro; viven en el presente, respirando la esencia divina en cada instante, encontrando inspiración en la sencillez y la belleza cotidiana.

Estas personas cuando están sintonizadas logran mantener un espíritu libre, sin barreras en su anhelo de verdad y perfección. Son idealistas por naturaleza, siempre en busca de formas de enriquecer el mundo que les rodea. Aunque en ocasiones pueden parecer algo distantes o absortos en sus sueños, su compromiso con sus ideales y su capacidad empática los convierte en líderes naturales e incansables seguidores de la justicia.

Cuando están despiertos, la energía del Viento Blanco aflora como una habilidad natural para integrar polaridades. Son maestros en hallar el equilibrio y en generar armonías a partir de contradicciones. Esta capacidad para percibir la interconexión entre todas las cosas les otorga la facultad de actuar como puentes, uniendo personas, ideas y situaciones que, a primera vista, parecen muy distantes.

Los Vientos Blanco despiertos son personas que, en definitiva, destacan por su incesante actividad, siempre en movimiento, siempre generando. Están constantemente buscando modos de canalizar su energía y catalizar cambios. A pesar de su constante flujo de actividades, siempre encuentran un espacio para escuchar, para ofrecer su apoyo y su comprensión a aquellos que lo necesitan.

EL VIENTO EN LAS PERSONAS DORMIDAS

Las personas que nacen bajo la energía del Viento Blanco, pero que se encuentran dormidas debido a que no logran sintonizarse con ella, pueden encontrar obstáculos para comunicarse y expresar su verdad. Aunque posee la capacidad innata para sintonizarse con el espíritu y la esencia de la vida, suelen encontrarse atrapadas en patrones de comunicación superficiales, incapaces de escuchar o de transmitir mensajes profundos y significativos. Su habilidad natural para el diálogo y el intercambio se adormece, y pueden pasar por alto la importancia de la honestidad y la transparencia en sus interacciones.

En lugar de moverse con ligereza y espontaneidad, suelen sentirse atrapadas en rutinas y estructuras rígidas cuando están dormidos. Esa libertad y flexibilidad que caracterizan al Viento Blanco, se ven limitadas, y la vida suele parecerles un camino estrecho y predecible, más que un campo abierto de infinitas posibilidades.

También suele suceder que cuando no están sintonizados con su energía, no se sienten lo suficientemente valientes como para tomar las riendas de su vida. El miedo al juicio o al fracaso puede obstaculizar su capacidad para tomar decisiones y para manifestar sus deseos. De igual manera, su tendencia natural hacia la integración y la interconexión puede verse interrumpida, y pueden sentirse aisladas y desconectadas de las demás personas, como también, del universo.

Cuando están dormidos, también suelen perder contacto con su esencia y con su espíritu. La vitalidad y la energía que deberían emanar desde su espíritu, se ven opacadas por la apatía y la inseguridad. La reverencia por la vida y por la naturaleza a menudo se ve reemplazada por un enfoque materialista, y la búsqueda de la verdad y de la espiritualidad puede verse eclipsada por preocupaciones mundanas y triviales.

Finalmente, cuando están dormidas, en lugar de vivir cada momento como una oportunidad para la inspiración y el crecimiento, caen en un estado de insatisfacción y de inercia.

QUE HACER EN UN DIA DEL VIENTO BLANCO

En el día del Viento Blanco, la comunicación y la transparencia se vuelven esenciales. Este día permítete convertirte en un conducto limpio y abierto para las palabras e ideas que surgen y fluyen a través de ti. Exprésate con honestidad y franqueza, y escucha con consideración y empatía. No olvides que tu voz es una herramienta poderosa; úsala para sembrar armonía y fomentar la verdad en tu entorno.

Utiliza la energía de este día para conectarte con tu respiración, con ese hilo vital que se mueve dentro de ti. Cada aliento que tomas es un recordatorio de tu vitalidad, de tu conexión con la naturaleza y la fuerza divina que te envuelve. Haz una pausa para respirar profundamente, para sentir el viento acariciando tu rostro y para reconocer la inspiración que nace con cada suspiro.

Este es también un día propicio para practicar la espontaneidad y la simplicidad. Deja atrás las complicaciones y permite que la energía del Viento Blanco te conduzca hacia una existencia más liviana y alegre. Atiende a tu espíritu, sigue tus impulsos y actúa acorde a tu verdad interna. Recuerda que eres un ser libre, que posees la capacidad de escoger y de forjar tu realidad en cada instante.

Este día es un recordatorio de tu potencial como co-creador de la realidad. Cada palabra que pronuncias, cada acción que emprendes, reverbera en tu mundo. Ejerce este poder con sabiduría, respeto y amor. No temas ser un catalizador de cambios, ser ese viento que dispersa las nubes y trae consigo la promesa de un nuevo amanecer.

Al terminar este día, recuerda comunicarte con autenticidad, respirar con consciencia, actuar con espontaneidad y emplear tu poder de co-creación de manera consciente y respetuosa. Recuerda que eres un ser de espíritu y energía, y que tienes la habilidad de transformar el mundo a tu alrededor con cada palabra y cada aliento. Abraza y valora las experiencias vividas y permite que este día se transforme purifique completamente de tu espíritu y tu ser.

LA NOCHE AZUL

BASE ORÁCULO QUINTA FUERZA

Antípoda Destino Análogo

Oculto

Nombre Maya: AKBAL
Código: 3
Nota Musical: Mi
Dirección: Oeste
Planeta: Saturno
Chacra: Plexo Solar
Dedo: Anular Mano Derecha
Arquetipo: La Soñadora
La Presencia Psíquica, Dadora de Riquezas
Acción: Soñar
Esencia: Intuición
Poder: Abundancia

Raza: Azul - Transformar

Familia: Señal

Clan: Fuego

Célula: Entrada

DESCRIPCION DEL SELLO SOLAR

El Sello Solar de la Noche Azul representa a la trinidad, a la Madre al Padre y al hijo, a la casa, al hogar. Es un símbolo intrigante, profundo y nos invita a realizar un viaje a través del mundo onírico, donde nuestras capacidades innatas de soñar e imaginar pueden manifestarse plenamente. Nos lleva a confrontar el abismo del misterio, ese espacio donde las certezas se desvanecen y las preguntas florecen. Es en este abismo donde descubrimos el silencio interior, un lugar de serenidad y contemplación, donde nuestras verdades más profundas residen.

La Acción de Soñar.

La Noche Azul nos entrega la acción de soñar. Más que una simple actividad pasiva, soñar aparece como la ventana que nos abre al inmenso y enigmático mundo onírico, un lugar donde la creatividad se desborda sin límites y la fantasía cobra vida. La Noche Azul simboliza este viaje introspectivo, sirviendo de puente hacia las profundidades de nuestro ser interior. En medio de una oscuridad aparentemente infinita, surge la conciencia despierta. Dicha conciencia trasciende la mera observación, transformándose en un explorador activo que descifra el genuino potencial de las emociones que yacen ocultas o reprimidas.

El acto de soñar se entrelaza íntimamente con el concepto de ensoñar conscientemente. Este último trasciende la simple acción de soñar, manifestándose como un acto deliberado que se convierte en un proceso activo de conexión con nuestra esencia más pura. Es un compromiso profundo de introspección, de reconocimiento y confrontación de nuestros miedos, anhelos, deseos y verdades. A través de este proceso, nos vinculamos con el núcleo esencial de nuestra existencia, el seno del yo mayor, que nos revela una perspectiva más nítida y profunda de quiénes somos realmente.

En este profundo abismo introspectivo, el misterio interior se manifiesta con claridad. Pero este misterio no es un rompecabezas a resolver, sino una revelación que incita a la reflexión y al autoconocimiento, instándonos a mirar más allá de las apariencias e identificar la combinación de belleza, dolor, alegría y tristeza que conforma la compleja trama de nuestra psique.

Bajo este manto de sombras, la Noche Azul es un llamado resonante a reflexionar, a indagar y a redescubrirnos. Proporciona la energía perfecta para la introspección, para hacer una pausa y mirar al interior, descifrando en el proceso respuestas a cuestionamientos que constantemente emergen en nuestra mente. Es una exploración que, de manera paradójica, nos lleva hacia el interior, pero nos dirige hacia el exterior, ampliando nuestra percepción del cosmos y de nuestra propia esencia.

La Esencia de la Intuición.

La esencia de la Noche Azul es la intuición, esa habilidad casi mística que nos permite percibir y comprender sin la intervención del razonamiento consciente. En un mundo que a menudo valora la lógica y el análisis sobre los sentimientos y las percepciones, la intuición surge como una invaluable fuente de sabiduría y guía. Es el reflejo del poder latente de nuestra psique, ese rincón a menudo inexplorado y subestimado de la mente humana, que actúa como portal al templo de la conciencia despierta.

La intuición, en el marco de la Noche Azul, no es una mera corazonada o impresión efímera. Se manifiesta como un faro resplandeciente en el vasto mar de nuestra oscuridad interna. Actúa como una brújula silente, nacida del profundo silencio interior, que, sin palabras ni instrucciones explícitas, guía con certeza a través de caminos desconocidos y paisajes internos. La intuición no necesita de mapas ni planos; su naturaleza intrínseca permite a quien la escucha percibir más allá de las fronteras de lo conocido, y aventurarse en terrenos inexplorados con confianza y coraje.

La introspección, entendida como el acto consciente de mirar hacia el interior, juega un papel crucial en este viaje intuitivo. No es simplemente una reflexión pasiva, sino un retiro deliberado y profundo a la matriz del campo de los sueños. En este lugar sagrado, lejos del ruido y la distracción del mundo exterior, el individuo se encuentra en un estado de meditación profunda, envuelto en serenidad y paz. Es un refugio interno donde el caos externo exterior se desvanece, permitiendo que las voces internas, a menudo silenciadas, resurjan con claridad.

En esta tranquilidad, la verdad más profunda comienza a revelarse de manera sutil, como un susurro suave en la quietud de la noche. En este espacio introspectivo, el misterio no es una amenaza, sino un compañero en la travesía.

La Noche Azul, con su llamado a la introspección y a la intuición, nos invita a todos a embarcarnos en el viaje más importante: el viaje hacia nuestro verdadero yo.

El Poder de la Abundancia.

El poder de la Noche Azul es la abundancia. En muchas tradiciones y culturas, la abundancia es percibida principalmente a través de lentes materiales: riqueza, posesiones y éxito visible. Sin embargo, la perspectiva de la Noche Azul nos invita a comprender la abundancia en dimensiones mucho más profundas y significativas. Esta no es una abundancia que pueda ser simplemente contada o medida, sino una que se siente y experimenta en la esencia misma de nuestro ser.

La verdadera riqueza se encuentra no solo en lo que poseemos, sino en lo que somos y cómo vivimos nuestra vida. Esta riqueza trasciende lo material y nos lleva al reino del espíritu. Es una ofrenda de integridad, donde cada momento es valorado, cada experiencia es atesorada y cada relación es nutrida con amor y respeto. En esta perspectiva de abundancia, el hogar no es simplemente un lugar físico, sino un santuario de paz, amor y conexión, donde la familia encuentra reposo, recuperación y renovación.

El Sello Solar de la Noche Azul abraza esta visión expansiva de la abundancia al reconocer que el verdadero acopio no se trata de acumulación, sino de realización. Es el acopio de deseos, sueños y aspiraciones, y su traducción en manifestaciones artísticas, acciones significativas y experiencias enriquecedoras. En lugar de percibir la oscuridad como una ausencia, la Noche Azul la ve como un lienzo, un espacio fértil y listo para ser llenado con el brillo y la potencialidad de la luz. Es un recordatorio de que incluso en los momentos más oscuros, la esperanza, la creatividad y la posibilidad siempre están presentes.

Sin embargo, la abundancia no es una experiencia unilateral. La Noche Azul reconoce que para recibir, uno también debe estar dispuesto a dar. Esta interacción constante de dar y recibir crea un ciclo virtuoso de crecimiento y expansión. Cuando honramos nuestro cuerpo con cuidado, alimentamos nuestra mente con sabiduría y nutrimos nuestro espíritu con amor, estamos invirtiendo en una forma de abundancia que resuena más allá del tiempo y del espacio.

LA NOCHE EN LAS PERSONAS DESPIERTAS

Los personas que nacen bajo la energía de la Noche Azul y logran sintonizarse con ella para despertarla, son individuos profundamente introspectivos y creativos, dotados de una intuición aguda y una capacidad innata para soñar y visualizar posibilidades infinitas. Son personas que consideran que la vida es un lienzo donde pueden plasmar sus sueños y manifestar su creatividad.

Dentro de ellos reside un mundo onírico rico y diverso, un santuario interno lleno de misterio y posibilidad. Este vasto paisaje interior les permite navegar por los rincones de su psique y conectar con su inconsciente, desentrañando verdades profundas y aportando claridad a su mundo exterior. Debido a su fuerte conexión con los sueños, a menudo poseen una notable capacidad para interpretar simbolismos y mensajes ocultos.

Cuando están despiertos, los portadores de esta energía suelen tener una relación especial con la noche y el silencio. Son individuos que aprecian los momentos de quietud y reposo, los cuales utilizan para meditar, reflexionar y recargar sus energías. Estos momentos de retiro les permiten recopilar sus pensamientos, emociones y deseos, y prepararse para los desafíos y oportunidades que puedan surgir.

Además, cuando están despiertas, logran expresar su don de la manifestación dirigida hacia la abundancia y la prosperidad. Ven la vida como un campo fértil de oportunidades, en el que cada sueño tiene el potencial de dar fruto. Por lo que cuando se sintonizan, logran transformar sus sueños en realidad a través de la intuición y la creatividad.

La energía del Noche Azul también les otorga una capacidad única para acceder a las emociones y experiencias más profundas, tanto suyas como de los demás, cuando están despiertos. Esta conexión emocional les permite ser empáticos y comprensivos.

En este sentido, cuando están sintonizados, no son ajenos al servicio y la comunidad. El hogar y la familia suelen tener un significado especial para ellos, y a menudo se esfuerzan por crear un entorno seguro y acogedor para sus seres queridos.

LA NOCHE EN LAS PERSONAS DORMIDAS

Las personas que nacen bajo la energía del Noche Azul, pero que se encuentran dormidas debido a que no logran sintonizarse con ella, pueden tener dificultades para conectar con su naturaleza introspectiva y creativa, y pueden no estar plenamente conscientes de su potencial intuitivo y soñador.

Dentro de ellos, el mundo onírico puede estar oscurecidos por las distracciones y ruidos del mundo exterior. En lugar de explorar la profundidad de su psique, suelen quedarse en la superficie de su ser, lo que limita su acceso a su inconsciente y a las verdades internas que pueden aportar claridad y dirección a sus vidas.

Cuando están dormidos, acostumbran a tener una relación complicada con la noche y el silencio. En lugar de apreciar estos momentos de quietud y reposo como oportunidades para la meditación y la reflexión, se sienten incómodas en el silencio o en la oscuridad, viéndolos como momentos de aislamiento o soledad.

Los portadores de la energía de la Noche Azul, cuando no logran sintonizarse a ella, a pesar de tener un potencial innato para la manifestación y la creencia en la abundancia, pueden verse atrapadas en ciclos de escasez o carencia, centrando su atención en lo que falta en lugar de en las oportunidades y la prosperidad que pueden atraer a sus vidas.

Además, pueden presentar dificultades para acceder y expresar sus emociones más profundas cuando no logran sintonizarse. Esta desconexión emocional puede limitar su capacidad para empatizar y comprender a los demás, y puede llevarles a ignorar o reprimir sus propios sentimientos y deseos.

Finalmente, cuando están dormidas, a pesar de su inherente capacidad para servir y contribuir a la comunidad, pueden encontrar desafíos para establecer vínculos profundos con su hogar y familia. Esta dificultad puede llevarles a abandonar el esfuerzo por cultivar un espacio de seguridad y bienestar compartido. En su lugar, pueden caer en la trampa de perseguir la gratificación personal y los beneficios individuales, descuidando su potencial para generar un entorno lleno de armonía.

QUE HACER EN UN DIA NOCHE

En el día de la Noche Azul la introspección y la intuición cobran suma importancia. Durante este día permítete sumergirte la reflexión y autoexploración, donde las profundidades de tu ser se revelan ante ti. Escucha con atención a esa voz interior, esa guía silenciosa que murmura secretos y sabidurías.

La Noche Azul, en su serenidad, te invita a soñar, a visualizar mundos y realidades donde tu verdadera esencia brilla con fuerza. Cada pensamiento, cada imagen, es una ventana a las posibilidades infinitas que yacen dentro de ti. Permítete viajar por estas visiones, descubriendo lo que deseas manifestar en tu vida y cómo lograrlo. En este viaje, la imaginación es tu aliada, el puente entre el deseo y la realidad.

Este día también nos llama a abrazar la abundancia en todas sus formas. No solo la que se ve y toca, sino la que se siente, la que nace del corazón y el espíritu. Reconoce la riqueza de tus relaciones, la plenitud de tus experiencias y la magnitud de tus sueños. Avanza en este camino de prosperidad, reconociendo que cada desafío es una oportunidad y cada cambio una posibilidad de crecimiento.

La energía de la Noche Azul también es un recordatorio que nos insta a reflexionar. Dedica tiempo para evaluar tus sistemas de creencias y, de manera consciente, retén aquellas que te benefician y descarta las que no contribuyen a tu bienestar.

Con la llegada de la noche, la Noche Azul te recuerda el poder de la pausa y el descanso. Este momento te invita a recargarte, a nutrirte de tranquilidad y paz. Honra a tu cuerpo y mente, ofreciéndoles un respiro, un momento para simplemente ser. En ese silencio, encuentra confort en la certeza de que eres un ser completo, lleno de potencial y magia.

Mientras el manto estrellado del cielo nocturno te envuelve, reflexiona sobre este día y sus regalos. La introspección, los sueños, la abundancia y el descanso son todos recordatorios de tu maravillosa capacidad para sentir, soñar y transformar. Cuando abrazamos a la Noche Azul, abrazamos a la esencia más pura y auténtica de nosotros mismo.

LA SEMILLA AMARILLA

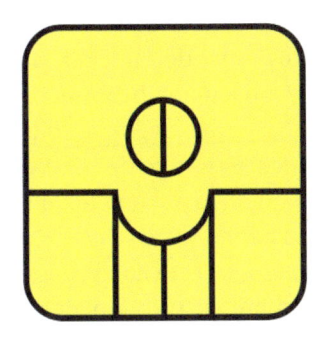

BASE ORÁCULO
QUINTA FUERZA

Antípoda   Destino   Análogo

Oculto

Nombre Maya: KAN
Código: 4
Nota Musical: Fa
Dirección: Sur
Planeta: Júpiter
Chacra: Raíz
Dedo: Meñique Mano Derecha
Arquetipo: El Inocente
El Loco Sagrado, El Buscador
Acción: Focalizar
Esencia: Consciencia
Poder: Florecimiento

Raza: Amarilla - Madurar

Familia: Portal

Clan: Fuego

Célula de Tiempo: Entrada

DESCRIPCION DEL SELLO SOLAR

El Sello Solar de la Semilla Amarilla representa a la forma perfecta de la creación, al aspecto final del grano de la vida. Es un perfecto reflejo de la fertilidad y la vitalidad que encontramos en la naturaleza. Su simbología pone de manifiesto el ciclo eterno de la vida, una historia que se cuenta a través de la siembra, la germinación, el crecimiento y finalmente, la cosecha. Se encuentra íntimamente ligado a la idea de focalizar, manifestar y crear a partir de un potencial intrínseco, llevando a la esencia de la consciencia y culminando en el poder del florecimiento.

La Acción de Focalizar.

La acción de la Semilla Amarilla es focalizar, la cual representa mucho más que una simple acción; es una declaración de intenciones, un ejercicio de voluntad y una manifestación de propósito. Focalizar es considerada una tarea sagrada, una responsabilidad que se nos presenta a todos. Es el acto de centrar la mirada, la energía y la intención en un objetivo, en un destino. Es como un agricultor que, con su mirada penetrante, selecciona el terreno ideal para plantar su preciado grano. Este comprende que no solo el suelo, sino también el momento exacto de la siembra, determinarán la cosecha futura.

Imagina una semilla que yace en la palma de tu mano. A simple vista, puede parecer insignificante, casi desprovista de importancia. Sin embargo, esta semilla guarda en su interior un universo de posibilidades. Cada semilla es una promesa. Del mismo modo, cuando focalizamos nuestra atención, estamos haciendo una promesa a nosotros mismos, un compromiso con nuestro futuro y con nuestro potencial aún no realizado.

La capacidad de atinar y centrar la atención es una habilidad que, aunque innata, requiere de práctica y dedicación. En un mundo lleno de distracciones y estímulos constantes, aprender a focalizar es un acto revolucionario. Es encontrar el lugar propicio en nuestro interior, ese terreno fértil donde nuestras intenciones pueden germinar y florecer. Es también reconocer el momento oportuno, aquel instante perfecto, a menudo efímero, donde todo se alinea y se presenta la oportunidad perfecta para actuar.

Esta acción de focalizar es también una búsqueda constante de la luz, un anhelo insaciable de crecimiento y expansión. Al igual que la planta que se estira y se inclina buscando el sol, nosotros, al focalizar, estamos en una constante búsqueda de la verdad, del conocimiento y de la iluminación.

Por último, pero no menos importante, el grano de la semilla, esa pequeña entidad que parece tan simple, es en realidad un fractal, un reflejo del todo. Dentro de ella reside un potencial infinito, una capacidad de transformación y creación que desafía toda lógica.

La Esencia de la Consciencia.

La esencia de la Semilla Amarilla es la consciencia, la cual se nos presenta como el fundamento de todo ser. Más que una mera capacidad cognitiva o un estado de alerta, es la ventana que representa la profundidad introspectiva que nos permite comprender nuestra conexión con el universo y nuestra ubicación dentro del mismo. A través de ella, percibimos la virtud y la inocencia que se esconden en la simple existencia, como un eco de la divinidad que reside en cada ser viviente.

El reconocimiento del propio potencial evolutivo es una revelación transformadora. Al igual que una semilla, que dentro de su pequeñez guarda el secreto de un árbol majestuoso, nuestra consciencia nos invita a descubrir y honrar el potencial ilimitado que yace en nuestro interior. Es el reconocimiento de que, dentro de nosotros, hay una chispa divina lista para germinar, crecer y florecer. Justo como ese brote que se abre camino a través de la tierra fértil, nuestra consciencia nos impulsa a seguir un patrón de crecimiento que, aunque misterioso, es innegablemente ordenado y seguro.

En esta travesía del autoconocimiento, la consciencia actúa como un contenedor inmenso, un santuario interior lleno de recursos y sabidurías. Estos recursos no son materiales, sino espirituales, y tienen el poder de nutrir nuestro ser a niveles profundos. Este alimento espiritual, que reside en cada uno de nosotros, es la luz que ilumina los rincones oscuros de nuestro ser, revelando y liberando obstáculos que podrían haberse formado a lo largo de nuestra existencia. Es una fuente inagotable de fortaleza que nos permite abrirnos y alinearnos con la manifestación de nuestra verdadera naturaleza, en sintonía con el orden cósmico.

En este inmenso universo de posibilidades, la consciencia surge como un modelo ordenado de la luz, como un prisma a través del cual interpretamos y damos sentido a nuestra realidad. Es la medida perfecta, el equilibrio divino entre el ser interno y el manifestar externo.

El Poder del Florecimiento.

El poder de la Semilla Amarilla es el florecimiento, ese instante mágico y sublime en el que todo el esfuerzo, toda la energía acumulada, encuentra su camino hacia el exterior, mostrándose en todo su esplendor. No se trata únicamente de un acto estético, sino de una profunda revelación de la naturaleza intrínseca de la semilla, que, desde un inicio silente y oscuro, intuía que tenía el potencial de transformarse en algo majestuoso.

Este acto de florecer es el testimonio de un viaje hacia el auto-descubrimiento y auto-afirmación. Desde ese primer atisbo de vida, la auto-germinación, donde la semilla decide romper su cáscara y explorar el mundo exterior, hasta la maduración completa, en la que se siente segura y plena, lista para ofrecer al mundo su esencia. Es una metamorfosis que revela que dentro de cada pequeño inicio hay un potencial grandioso esperando ser liberado.

El florecimiento es también un acto de generosidad. Representa la habilidad y maestría adquirida con del paso del tiempo, que permite convertir los recursos, ya sean internos tales como conocimientos y experiencias, o externos como la nutrición del suelo, en ofrendas magníficas. Estas ofrendas no son solo físicas, como los frutos o las flores, sino también espirituales, en la forma de inspiración, belleza y esperanza. Cada vez que la Semilla Amarilla florece, nos muestra lo que es posible cuando nos conectamos con nuestra esencia y trabajamos en sintonía con la naturaleza.

El árbol, el fruto del desarrollo total de la semilla, provee no solo belleza sino también alimento y refugio a otros seres. Este acto de brindar, de ofrecer sin esperar nada a cambio, es una representación del ciclo eterno de la vida, donde cada fin es, de hecho, un nuevo comienzo. En este acto, se refleja la enseñanza más profunda de la Semilla Amarilla: que en el constante proceso de creación y recreación, de muerte y renacimiento, está la esencia misma de la existencia. Por lo tanto, el florecimiento no es solo un final, sino una promesa de nuevos comienzos y de infinitas posibilidades.

LA SEMILLA EN LAS PERSONAS DESPIERTAS

Los personas que nacen bajo la energía de la Semilla Amarilla y logran sintonizarse con ella para despertarla, suelen ser seres con una gran claridad de análisis y pensamiento, siempre buscando el entorno más propicio para germinar sus sueños e ideas. Son individuos enfocados, capaces de dirigir su atención de manera precisa para liberar obstáculos y manifestar sus sueños con ímpetu y tenasidad.

Estas personas, cuando están despiertas, se caracterizan por su potencial evolutivo. Son conscientes de las oportunidades que les rodean y están listas para aprovecharlas cuando surjan. Son individuos cuyo núcleo es la consciencia y cuyo poder radica en el florecimiento de su autenticidad.

La inocencia es una virtud de las personas sintonizadas con la Semilla Amarilla. En general mantienen un espíritu libre y sincero, conservando un sentido de asombro y una actitud abierta hacia el mundo a pesar de los desafíos que puedan enfrentar. Son fuente de inspiración y suelen generar un impacto positivo en aquellos que se cruzan en su camino.

Las Semillas Amarillas despiertas, no se quedan estancadas en las etapas iniciales de crecimiento; son individuos en constante evolución. Su vida es un viaje, al igual que la semilla que con el tiempo se convierte en un árbol majestuoso, estas personas transforman cada experiencia, desafío y alegría en nutrientes para su crecimiento espiritual.

La generosidad es una característica innata en las Semillas Amarillas despiertas. Ellos comprenden que el florecimiento no es un acto egoísta, sino un regalo para el mundo. Su habilidad para convertir recursos, tanto internos como externos, en ofrendas magníficas es un testamento de su maestría y autoconocimiento.

Las Semillas Amarillas despiertas son personas que, en definitiva, son centrados, conscientes, resilientes y generosos. Encarnan la belleza del florecimiento a través de su crecimiento personal, demostrando que, como una semilla, todos tenemos el potencial para crecer y transformarnos en seres de luz.

LA SEMILLA EN LAS PERSONAS DORMIDAS

Las personas que nacen bajo la energía de la Semilla Amarilla, pero que se encuentran dormidas debido a que no logran sintonizarse con ella, a menudo se sienten en un limbo, como semillas sin encontrar tierra donde germinar. Aunque albergan el potencial del florecimiento, la desconexión con su poder a menudo las sumerge en un estado de letargo.

Cuando están dormidas, su existencia suele parecer un campo sin cultivar, donde las posibilidades son infinitas pero inalcanzables. Su capacidad innata de crecer y prosperar parece quedar en pausa, lo que las lleva a experimentar a una sensación de vacío y estancamiento. En lugar de ver cada desafío como una oportunidad, tienden a percibirlos como barreras insuperables.

Los portadores de la energía de la Semilla Amarilla, cuando están dormidos, a menudo ven su innata inocencia como una vulnerabilidad. Aunque esta energía les dota de un espíritu libre y sincero, su actitud abierta puede exponerlos a desafíos abrumadores que los desvían de su verdadera esencia

Además, las Semillas Amarillas pueden enfrentarse a la dificultad de reconocer su verdadero valor cuando están dormidas. Aunque cuentan con todo lo necesario para brillar y compartir su luz con el mundo, la oscuridad del desconocimiento puede oscurecer su percepción. La transformación y el crecimiento se vuelven conceptos ajenos o incluso intimidantes.

Al no estar sintonizados con su energía, estas personas pierden el ritmo natural, esa pulsación que las invita a avanzar y a florecer. En lugar de sentir el empuje vital para expandirse y buscar la luz, se ven atrapadas en confines estrechos, reduciendo sus horizontes y oprimiendo su esencia.

Finalmente, cuando están dormidas, a menudo proyectan una imagen de desorientación o indecisión. Sin embargo, si observamos el vaso medio lleno, esto podría ser simplemente el comienzo de su viaje de florecimiento personal. Al igual que una semilla antes de germinar, tienen un potencial inmenso para crecer, evolucionar y transformarse en seres radiantes que influyen positivamente en su entorno.

QUE HACER EN UN DIA SEMILLA

En el día de la Semilla Amarilla, es esencial moverte en sintonía con los ritmos de la naturaleza. Este día es un maravilloso momento para impulsar tus ideas, sueños y proyectos. Comienza haciendo un balance de tus metas y aspiraciones; la energía de la Semilla Amarilla te invita a focalizar tu atención. Al igual que una semilla que busca el lugar ideal para crecer, este es el momento perfecto para que busques el entorno adecuado para la germinación de tus sueños y alinees tus objetivos.

A medida que avanzas en este día, practica la consciencia. La esencia de la Semilla Amarilla se encuentra en ella. Medita, escucha tu voz interior y crea un espacio para la introspección y la autoevaluación. Con consciencia de tus necesidades, deseos y emociones, encontrarás la capacidad de liberar obstáculos y encontrar el camino para el florecimiento personal.

Este es también un momento para conectar con tu potencial evolutivo. Eres un pequeño fractal que lleva en sí mismo un vasto universo de posibilidades. El día de la Semilla Amarilla es un recordatorio de que tienes el potencial para transformarte siempre que te encuentres dispuesto a nutrir y cuidar de ti mismo.

Sin embargo, la paciencia es crucial. Al igual que la semilla que espera pacientemente en el suelo hasta el momento oportuno para germinar, es vital tener paciencia con tus propios procesos personales. Recuerda, el florecimiento vendrá a su debido momento.

Además, puedes tomar un momento para escribir tus intenciones o deseos en un papel y sembrar este compromiso contigo mismo. Puedes realizar este acto simbólico ya sea literalmente plantando una semilla en la tierra, o a través de una meditación o visualización.

Al culminar este día, no olvides expresar gratitud por lo que tienes y lo que vendrá. La Semilla Amarilla simboliza la abundancia y la cosecha. Agradece por las bendiciones que has recibido y las que están por venir. Al cultivar la gratitud, fomentas una actitud de apertura que te preparará para atraer más abundancia a tu vida.

LA SERPIENTE ROJA

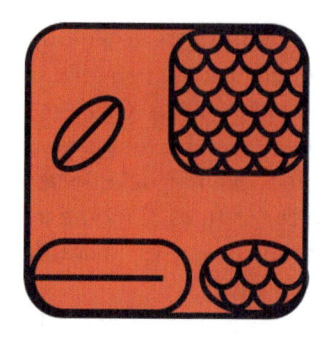

BASE ORÁCULO
QUINTA FUERZA

Antípoda   Destino   Análogo

Oculto

Nombre Maya: CHICCHAN
Código: 5
Nota Musical: Sol
Dirección: Este
Planeta: Maldek
Chacra: Corona
Dedo: Grande del Pie Derecho
Arquetipo: La Iniciada Serpiente
Guardiana de la Sabiduría del Sexo
Acción: Sobrevivir
Esencia: Instinto
Poder: Fuerza Vital

Raza: Roja - Iniciar

Familia: Polar

Clan: Sangre

Célula: Almacén

DESCRIPCIÓN DEL SELLO SOLAR

El Sello Solar de la Serpiente Roja representa al poder de la energía de la Kundalini, pero además, representa al quinto acorde perdido, a la Quinta Fuerza. Este Sello simboliza al movimiento, expresado en el movimiento ascendente de la Kundalini, la energía de la vida que se despierta y asciende a través de nuestra columna vertebral. Es un recordatorio de la vitalidad y la agilidad, así como con el entendimiento de los ciclos del tiempo y la conciencia de lo elemental.

La Acción de Sobrevivir.

La Serpiente Roja nos entrega la acción de sobrevivir. Este acto no es meramente un impulso, sino que se relaciona intrínsecamente con un entendimiento profundo sobre los ciclos del tiempo. La serpiente siente cada oscilación, cada cambio que sucede para así anticiparse y adaptarse. Su capacidad de percibir y adaptarse a estos ciclos le otorga destreza, moviéndose con ligereza ante los desafíos que el paso del tiempo presenta.

Sin embargo, sobrevivir no es solo el acto de preservar la vida, sino también la pasión por la preservación de la especie. Esta pasión nace de una comprensión profunda sobre la sexualidad y la sensualidad, ambos intrínsecos al impulso de procreación y al deseo de continuidad. Al mismo tiempo, este entendimiento se encuentra acompañado de un sentimiento profundo de lealtad y liderazgo, garantizando que la especie no solo sobreviva sino que también prospere.

La acción de sobrevivir de la Serpiente Roja también la podemos relacionar con su habilidad intrínseca para no dejarse esclavizar. Su sabiduría corporal, esa consciencia innata propia del ser, le otorga una autonomía que desafía la opresión. Cada función autónoma, desde el sutil movimiento en escamas hasta el poderoso despertar del Kundalini, es una manifestación de su vitalidad y su deseo innato de sobrevivir libremente. Estas capacidades le permiten navegar a través de los desafíos con una determinación inquebrantable, sin ataduras.

Finalmente, la Serpiente Roja, en su acción de supervivencia, simboliza el ascenso y la transmutación. A través de la purificación y el entendimiento, evoluciona constantemente, buscando siempre el equilibrio y la integración. Su conexión entre tierra y cielo, materializado en el concepto maya de la Serpiente Emplumada, refleja su deseo de unir lo terrenal con lo divino, asegurando así su lugar en el tiempo. En su esencia, sobrevivir, para la Serpiente Roja, no es solo un acto, sino todo un arte; un proceso delicado de adaptación, evolución y renovación constante.

La Esencia del Instinto.

La esencia de la Serpiente Roja es el instinto, ese instinto primordial que habita en el fondo de nuestra consciencia y nos guía a través de la vida. El instinto es un sentido interno, una voz interior que nos permite tomar decisiones y actuar de acuerdo a las necesidades y demandas de nuestro entorno. Es la sabiduría inherente de nuestro cuerpo y nuestra alma, que nos permite reconocer y satisfacer nuestras necesidades básicas, responder de forma efectiva a las amenazas, y navegar por el camino de la vida con agilidad y precisión.

Para la Serpiente Roja, el instinto se manifiesta principalmente a través de su consciencia de lo elemental. Esta consciencia no es simplemente una percepción pasiva del mundo, sino una comprensión activa de cada pulso, cada vibración de la tierra y el cielo. Es esta conexión la que permite a la Serpiente Roja sentir el ser, abrazar su cuerpo y moverse con un entendimiento innato de los ciclos del tiempo.

En este sentido, la sabiduría corporal de la Serpiente Roja es otro símbolo de su esencia instintiva. No es simplemente el conocimiento de su cuerpo, sino la integración total de mente, cuerpo y espíritu. Cada función autónoma, desde el latido más sutil hasta el movimiento más potente, es un reflejo de esta sabiduría. Esta inteligencia innata le permite percibir y responder a estímulos, desafiar amenazas y aprovechar oportunidades con una agilidad y precisión impresionantes.

Más allá de la percepción superficial, el instinto de la Serpiente Roja se entrelaza con la esencia de lo que significa estar verdaderamente vivo. Es una fuerza que se extiende hasta lo más profundo de su ser, donde reside la memoria ancestral. Este instinto es alimentado por el cerebro reptiliano, el núcleo más primitivo de su sistema nervioso, un legado evolutivo que contiene la sabiduría sagrada de la supervivencia. Aquí, en este espacio, la Serpiente Roja experimenta el sentir del ser en su forma más pura, una consciencia corporal que le permite reconocer el peligro, cortejar a un compañero o simplemente disfrutar de la sensualidad de un momento presente.

El Poder de la Fuerza Vital.

El poder de la Serpiente Roja es la fuerza vital, una energía que fluye a través de nosotros y alimenta nuestra existencia. Esta fuerza vital, representada en la tradición del yoga como Kundalini, desencadena un proceso de transformación y ascenso. Es el motor de nuestra creatividad, la fuente de nuestra pasión, y la chispa que enciende nuestro deseo. Nos impulsa hacia la evolución y la trascendencia, permitiéndonos alcanzar nuestro máximo potencial y realizar nuestro propósito en la vida.

Esta vitalidad se manifiesta a través del despertar del Kundalini, la energía cósmica que se encuentra latente en la base de la columna vertebral, esperando el momento adecuado para elevarse. Cuando se despierta, la energía Kundalini se eleva, recordándonos al ascenso de la Serpiente Emplumada, un símbolo de transmutación e integración. Esta ascensión no es solo un viaje espiritual; también es una reafirmación del poder de la Serpiente Roja para transformar, para evolucionar y para conectar lo terrenal con lo divino.

La fuerza vital de la Serpiente Roja también se manifiesta en cómo cuida y honra su cuerpo. Reconoce que el cuerpo no es simplemente un vehículo; es un templo sagrado que merece respeto, cuidado y atención. Esta consciencia corporal se extiende más allá de lo físico, llegando a la motivación del deseo y a la búsqueda constante de intimidad. La Serpiente Roja busca unión, no solo en un sentido físico sino también en un nivel más profundo.

Desde otra perspectiva, la Serpiente Roja no es un ser impulsado únicamente por emociones o instintos. Posee una mente aguda, capaz de discernir, analizar y tomar decisiones informadas. Lo que verdaderamente la distingue es su habilidad para entrelazar la fuerza de su vitalidad con la precisión de su inteligencia. En su expresión más elevada, demuestra que la vida es una danza equilibrada entre el sentir y el ser, entre la pasión y la razón. En ese delicado equilibrio, la Serpiente Roja prospera, revelando al mundo el inmenso potencial y poder que reside en nuestro interior como manifestación de la fuerza vital.

LA SERPIENTE EN LAS PERSONAS DESPIERTAS

Las personas que nacen bajo la energía de la Serpiente Roja y logran sintonizarse con ella para despertarla, son intensas y llenas de vitalidad. Poseen una pasión innata por la vida y suelen abordar cada experiencia con una devoción ferviente y entusiasta. Son seres introspectivos, cuyo amor por la transformación y el crecimiento personal les impulsa a buscar continuamente la autorrealización. Su agudo instinto les permite percibir oportunidades donde otros solo ven desafíos, permitiéndoles superar obstáculos con una eficiencia admirable.

Cuando están despiertas, las Serpientes Rojas son seres tremendamente intuitivos, con una capacidad innata para conectarse con su entorno a un nivel instintivo. Tienen un talento natural para comprender las necesidades no expresadas de los demás y responden con un apoyo empático y constructivo. Son excelentes en la resolución de conflictos, capaces de transmutar tensiones y promover la armonía en su entorno con su poderosa presencia y comprensión.

Las Serpientes Rojas sintonizadas con su energía, mantienen un fuerte sentido de conexión con su propia esencia y potencial. Cuando se conectan a este conocimiento, valorizan y respetan su fuerza vital, utilizando esta energía intensa para impulsar su presente hacia un futuro próspero. Esta conexión con su fuerza vital se refleja a menudo en una comprensión profunda sobre la importancia de la supervivencia y la adaptabilidad, transformándose en seres resilientes capaces de afrontar cualquier reto con una actitud audaz y valiente.

La energía del Sello Solar de la Serpiente Roja también les confiere una formidable capacidad para liderar cuando están despiertos. En este sentido, son individuos con un poderoso sentido de la justicia y la equidad, capaces de dirigir y guiar a los demás con una sabiduría que se basa en la lealtad y la inteligencia. No temen a la incertidumbre, sino que la ven como una oportunidad para aprender, adaptarse y crecer. Al cultivar su fuerza interior y su autonomía, suelen convertirse en figuras inspiradoras para quienes les rodean.

LA SERPIENTE EN LAS PERSONAS DORMIDAS

Las personas que nacen bajo la energía de la Serpiente Roja, pero que se encuentran dormidas porque no han logrado sintonizarse con ella, suelen experimentar un mundo menos vibrante, más calmo y no tan movido por la intensidad y la adaptabilidad que caracterizan a este Sello Solar, como si estuvieran desorientados en el mundo.

A pesar de que su esencia les entrega el potencial de transformarse y adaptarse, a menudo se encuentran estancados, desprovistos del impulso para explorar lo desconocido y experimentar el poder transformador de su propia evolución. Cuando están dormidos, la sabiduría inherente que albergan puede permanecer latente, como una semilla en lo profundo del suelo que aguarda el momento para brotar. En lugar de descubrir y honrar su instinto de supervivencia, pueden sentirse desligados de este recurso interno, desaprovechando la valiosa guía y fortaleza que provee su instinto primordial.

La agilidad y la vitalidad que se derivan de la conexión con la energía de la Serpiente Roja también pueden atenuarse cuando están dormidas. En lugar de recibir el soporte resiliente que brinda este Sello Solar, pueden sentirse aislados y vulnerables, sin darse cuenta de que la fortaleza está siempre dentro de ellos, esperando ser liberada.

También, cuando no están sintonizados a su energía, suelen sentirse apáticos o desmotivados, incapaces de canalizar su energía hacia sus objetivos y metas. En lugar de ser protagonistas activos de sus vidas, pueden sentirse como meros espectadores, desconectados de su propio poder para influir y moldear su realidad.

Finalmente, cuando están dormidas, las personas que llevan consigo la energía de la Serpiente Roja pueden mostrarse menos receptivas, menos sensibles a las señales y oportunidades que el universo les presenta. En lugar de navegar con la corriente de la vida, pueden resistirse a ella, limitando su capacidad de adaptarse y renovarse.

QUE HACER EN UN DÍA SERPIENTE

En el día de la Serpiente Roja, es importante prestar atención a la energía de supervivencia y renovación que se encuentra presente en abundancia. Este es un buen día para abrazar nuestra innata capacidad de resiliencia. Piensa en todos los desafíos que has enfrentado, y cómo has emergido más fuerte y adaptado de cada experiencia. Es un momento para abrazar y celebrar esa fortaleza interna que te ha sostenido.

Es importante en este día identificar y honrar nuestras fortalezas, valorar nuestra valentía y persistencia. Al mirar atrás, aprecia los obstáculos que has superado, y la energía que te ha permitido prevalecer. Permite que el poder vibrante de tu propia supervivencia ilumine este día y te guíe.

La Serpiente Roja nos anima a estar vigilantes y proactivos al enfrentar nuestros temores. El mensaje de este Sello Solar es explorar y transformar aquellas áreas de nuestras vidas que requieran renovación. Es natural sentir miedo ante la transformación, pero recuerda que, al igual que la serpiente, todos poseemos la habilidad de renovarnos, de dejar atrás lo que ya no nos sirve y comenzar nuevamente con energía renovada.

Aprovecha también este día para sintonizarte con tus instintos y tu sabiduría interior. Escucha las señales de tu cuerpo, atiende a tus sueños e intuiciones y confía en esa guía innata que todos llevamos dentro. La sabiduría reside en cada uno de nosotros, guardando el potencial para nuestra evolución.

Un día Serpiente nos brinda también la oportunidad de ser flexibles y de adaptarnos a las circunstancias. Enfréntate al mundo sabiendo que estás equipado para manejar cualquier cambio que venga. En lugar de resistirte al flujo de la vida, sincronízate a ella. Encara los desafíos con optimismo, permitiendo que te formen y fortalezcan.

Al finalizar este día, toma un momento para honrar tu capacidad de adaptación, celebrando tu fuerza interna y sabiduría. Agradece por las bendiciones que has recibido, por la fuerza que necesitaste para adaptarte y prosperar ante cualquier dificultad que se haya presentado.

ENLAZADOR DE MUNDOS BLANCO

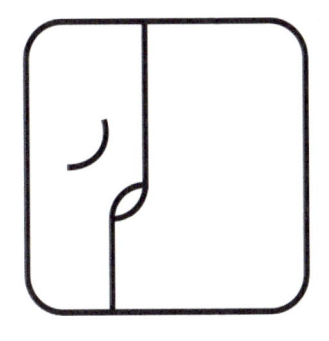

BASE ORÁCULO QUINTA FUERZA

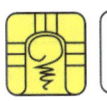

Antípoda   Destino   Análogo

Oculto

Nombre Maya: CIMI
Código: 6
Nota Musical: Do
Dirección: Norte
Planeta: Marte
Chacra: Garganta
Dedo: Índice del Pie Derecho
Arquetipo: El Hierofante
Revelador de lo Sagrado, Gran Igualador
Acción: Igualar
Esencia: Oportunidad
Poder: Muerte

Raza: Blanca - Refinar

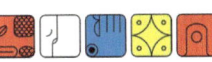

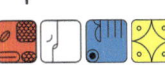

Familia: Cardinal

Clan: Sangre

Célula de Tiempo: Almacén

DESCRIPCIÓN DEL SELLO SOLAR

El Sello Solar del Enlazador de Mundos representa a la muerte, aunque no en el sentido de un final absoluto. En vez de ello, se conceptualiza como una parte crucial del eterno ciclo de transformación y renovación. Su esencia va más allá de solo facilitar cambios; también se centra en la creación de conexiones significativas. Actúa como una fuerza incansable en la búsqueda constante de integración y armonización entre diferencias. Este Sello nos invita a entender que la muerte y la vida no son fuerzas opuestas, sino componentes de un más amplio ciclo de existencia.

La Acción de Igualar.

El Enlazador de Mundos Blanco nos entrega la acción de igualar. Sin embargo, este principio va más allá del simple acto de nivelar o equilibrar fuerzas opuestas. Se refiere a una capacidad multifacética que implica la integración, la conexión y la armonización de diversos elementos de la realidad. No es una acción pasiva, sino una dinámica consciente que exige agilidad mental y emocional, un enfoque que permite trascender las barreras y crear conexiones profundas tanto en el interior como en el exterior.

En este contexto, el concepto de igualación se manifiesta como una apertura hacia nuevas posibilidades y experiencias. Actuar bajo la influencia de la acción de igualar nos ofrece una oportunidad única de salir de la zona de confort, ese espacio psicológico donde nos sentimos seguros pero que a menudo limita nuestro crecimiento y entendimiento. Salir de esta área es arriesgado, sí, pero también es la única forma de abrazar nuevas experiencias, perspectivas y saberes. En ese sentido, el Enlazador de Mundos Blanco nos empuja a desprendernos de patrones y estructuras mentales que ya no nos son útiles o que impiden nuestra evolución.

La igualación es también un acto resiliente. No se trata de un esfuerzo puntual, sino de un proceso constante y desafiante que exige fortaleza y perseverancia. La resiliencia aquí significa que, aunque enfrentemos obstáculos, no nos rendimos fácilmente. La acción de igualar del Enlazador de Mundos Blanco es también generosa en su esencia. No es una igualación que se realiza para el beneficio propio, sino que siempre busca generar un mayor bienestar y equilibrio tanto en el individuo como en las comunidades y sistemas a los que pertenece. En esta generosidad, encontramos la expresión de desapego y la capacidad de soltar lo viejo para hacer espacio para lo nuevo, permitiendo la transmutación y el cambio.

En este sentido, la acción de igualar es entonces un llamado a integrar, a conectar, a ser resiliente y a abrirse a nuevas realidades, en una búsqueda constante de armonía y equilibrio.

La Esencia de la Oportunidad.

La esencia del Enlazador de Mundos es la oportunidad, la cual se nos presenta como un espacio lleno de posibilidades y manifestaciones que abarcan diversas facetas de la existencia humana. No se trata de una oportunidad en el sentido superficial del término, como podría ser un golpe de suerte o una circunstancia favorable; estamos hablando de una cualidad existencial profunda que informa nuestra interacción con el mundo y con nosotros mismos.

Una de las manifestaciones más palpables de esta esencia es la posibilidad del perdón. Vivimos en un mundo complejo lleno de tensiones y conflictos, tanto internos como externos. La acción de perdonar, entonces, se convierte en un acto de liberación, de desprendimiento de resentimientos que nos atan y nos impiden avanzar. Es una especie de limpieza que nos hace más ligeros, más aptos para recibir y dar amor. En este contexto, la oportunidad también se extiende a la humildad, al reposo y a la entrega. Estas cualidades nos permiten reconocer nuestras limitaciones y fortalezas, descansar cuando es necesario y, en última instancia, entregarnos al flujo de la vida con confianza y sin resistencias.

La oportunidad también fomenta aspectos vitales de la convivencia humana como son la amistad, la relación y la generosidad. El Enlazador de Mundos Blanco nos invita a cultivar la confianza y la conexión auténtica, espacios en los cuales se puede aprender y desaprender en un ciclo constante de crecimiento y renovación.

Por otra parte, la esencia de la oportunidad del Enlazador de Mundos Blanco posee una dimensión visionaria y trascendental. Es una especie de clarividencia emocional y espiritual que nos permite ver más allá del horizonte inmediato, más allá de nuestras preocupaciones y aspiraciones cotidianas. Esta visión más amplia nos motiva a desapegarnos de lo que ya no sirve, de lo que nos estanca, para abrazar con entusiasmo las nuevas posibilidades que se presentan ante nosotros. Nos invita a ser valientes, a ser aventureros, a ser, en última instancia, más humanos.

El Poder de la Muerte.

El poder del Enlazador de Mundos es la muerte. Sin embargo, es importante entender que este concepto se aleja significativamente de las connotaciones negativas o temerosas que comúnmente se le asocian. Aquí, la muerte no es un final absoluto, sino más bien un proceso de transmutación y cambio. No es un término, sino una pausa que da lugar al inicio de un nuevo capítulo. Es una forma de reposo y equilibrio que prepara el terreno para el próximo renacimiento, para la próxima fase.

Este poder simboliza el acto de dejar ir. En el marco de una vida llena de acumulaciones, ya sean materiales, emocionales o conceptuales, el poder de la muerte nos invita a soltar todas esas cargas que ya no necesitamos. Esto no solo incluye deshacerse de lo materialmente obsoleto, sino también de ideas, prejuicios, y patrones de comportamiento que han dejado de ser útiles o que incluso pueden ser perjudiciales. Al dejar ir, se facilita una transformación completa, una transmutación del ser que va más allá del simple cambio superficial.

La muerte como poder del Enlazador de Mundos Blanco también se puede manifestar como un agente catalizador. Si bien muchos cambios en la vida pueden ser graduales, hay momentos en los que se necesita una fuerza más intensa para romper con lo viejo y dar lugar a lo nuevo. En este sentido, el poder de la muerte actúa como un acelerante que facilita la transición, que lleva a cabo una renovación más rápida y completa. Lo podemos ver como un agente purificador que elimina los obstáculos y limpia el camino para el nuevo comienzo.

Por último, la muerte, en este contexto, es también una manifestación de confianza y valentía. Enfrentar el fin de algo, incluso si ese fin es simplemente simbólico, requiere cierto grado de coraje. Hay que tener fe en que lo que viene después será igual o incluso mejor que lo que se ha dejado atrás. Esta confianza no es ciega, sino que se encuentra fundamentada en la comprensión de que la vida es un ciclo constante de nacimientos y muertes, de comienzos y finales, y que cada término es también un nuevo principio.

EL ENLAZADOR DE MUNDOS BLANCO EN LAS PERSONAS DESPIERTAS

Las personas que nacen bajo la energía del Enlazador de Mundos Blanco y logran sintonizarse con ella para despertarla, son seres de una resiliencia excepcional y una habilidad única para adaptarse al cambio. Sobresalen por su humildad y generosidad, sin temor a la transformación, siempre preparados para abrir camino hacia lo nuevo. Perciben en cada final un nuevo comienzo, transformando así cada obstáculo en una oportunidad para aprender y crecer.

Cuando están despiertos, se convierten en auténticos puentes entre realidades, poseen la habilidad innata de conectar con la esencia más profunda de los demás, y de nivelar y armonizar desequilibrios o injusticias. En este sentido, despliegan un espíritu incluyente, integrador y generoso.

En sus relaciones interpersonales, demuestran una bondad sincera y un profundo respeto, siempre buscando crear lazos fuertes y duraderos. Muestran una entrega auténtica, comprendiendo que la verdadera conexión proviene de la generosidad del corazón. Son excelentes mediadores y pacificadores, y a menudo actúan como el eslabón que une y fortalece los vínculos grupales.

Aquellos que cargan conscientemente con la energía del Enlazador de Mundos logran encarnar los valores de la humildad y la sencillez. Son audaces y fieles a sí mismos, manteniendo su autenticidad tanto en su interacción con los demás como con el mundo que les rodea. Poseen, además, una gran capacidad para perdonar y liberarse. Saben que el acto de perdonar es la máxima expresión de humildad y que a través del desapego de lo que ya no sirve, se abre espacio para lo nuevo. Aceptan con gracia las lecciones que les ofrece la vida, y están siempre conscientes de que cada final es, en realidad, un nuevo inicio.

Los Enlazadores de Mundos despiertos son personas que, en definitiva, se destacan por su incansable tenacidad y su inquebrantable disposición al cambio. Constantemente buscan formas de catalizar su energía y transformar la realidad.

EL ENLAZADOR DE MUNDOS BLANCO EN LAS PERSONAS DORMIDAS

Las personas nacidas bajo la energía del Enlazador de Mundos, pero que no logran sintonizarse con ella, suelen encontrar dificultades para adaptarse y aceptar el cambio, aferrándose a viejas formas de ser y temiendo la incertidumbre del futuro. Este miedo a lo desconocido puede hacer que parezcan reacios a soltar lo que ya no les sirve y, como resultado, pueden quedarse atrapados en patrones de comportamiento y pensamiento que limitan su crecimiento personal.

Al resistirse al cambio, estas personas a menudo luchan para encontrar su lugar, experimentando una desconexión con los demás y con su propia esencia. En este sentido, suelen tener dificultades para ser auténticas y fieles a sí mismas, escondiéndose tras un velo de complacencia por falta de coraje. Esta disociación puede conllevar una falta de autenticidad en su interacción con los demás, generando un desequilibrio entre su verdadero yo y la versión de sí mismas que presentan al mundo.

Cuando están dormidas, suelen evitar enfrentar los conflictos en lugar de buscar activamente resolver las diferencias y armonizar los desequilibrios. Esto puede llevarles a ser percibidos como pasivos o evasivos. En este sentido, su habilidad para integrar y reconciliar suele verse disminuida, y pueden sentirse desconectadas tanto de los demás como del universo en general. Esta desconexión puede también reflejarse en relaciones superficiales y en un compromiso escaso con su entorno.

Los Enlazadores de Mundos no sintonizados con su energía suelen aferrarse a las complicaciones y las posesiones materiales, perdiendo su capacidad inherente para abrazar la simplicidad y la liberación. Este apego puede a veces manifestarse como una resistencia al perdón, manteniendo resentimientos del pasado y atrapándolos en un ciclo de amargura y rencor.

Finalmente, cuando están dormidas, los Enlazadores de Mundos Blanco suelen transitar por la vida en un estado de insatisfacción e inercia, experimentando una falta de propósito y conexión.

QUE HACER EN UN DIA ENLAZADOR DE MUNDOS

En el día del Enlazador de Mundos, abrazar el cambio y el desapego se vuelve fundamental. Este es un día para para abrazar el canal receptivo de las transformaciones que fluyen hacia y a través de ti. Reconoce los elementos en tu vida que necesitan liberación y enfréntalos con honestidad y valentía. La habilidad para soltar lo viejo y acoger lo nuevo es una herramienta poderosa; úsala el día de hoy para fomentar el crecimiento y la evolución en tu vida.

También puedes utilizar la energía de este día para conectarte con la capacidad de adaptación y resiliencia que nos permite fluir con los cambios de la vida. Cada desafío que superamos es un recordatorio de nuestra fortaleza. Si te ves enfrentado a alguna dificultad, recuerda que el cambio es la única constante y que la capacidad de adaptarse está presente en cada momento, enfréntalo sin miedos.

Este es también un día propicio para practicar la empatía y la autenticidad. Deja atrás las falsas apariencias y permite que la energía del Enlazador de Mundos te conduzca hacia relaciones más sinceras y significativas. Escucha a los demás, comprende sus perspectivas y actúa conforme a tu verdadero ser. Recuerda que como seres humanos somos capaces de establecer conexiones profundas y de forjar nuevas realidades en cada momento.

Un día Enlazador de Mundos Blanco es también una gran oportunidad para potenciar tu potencial como agente de cambio. Cada decisión que tomas, cada paso que das, reverbera en tu mundo. Ejerce este poder con sabiduría, consideración y amor. No temas ser un catalizador de transformaciones, si se da la posibilidad, no tengas miedos de unir mundos y bendecir los nuevos comienzos.

Al finalizar este día, recuerda acoger el cambio con coraje, respirar la adaptabilidad, actuar con autenticidad y ejercer tu capacidad de transformación de manera consciente y respetuosa. Agradece los cambios experimentados, mira hacia atrás con gratitud y abre tu mente hacia las oportunidades que están por venir.

LA MANO AZUL

**BASE ORÁCULO
QUINTA FUERZA**

Antípoda   Destino   Análogo

Oculto

Nombre Maya: MANIK
Código: 7
Nota Musical: Re
Dirección: Oeste
Planeta: Tierra
Chacra: Corazón
Dedo: Medio del Pie Derecho
Arquetipo: El Avatar
Realizador del Conocimiento, el Ejemplar
Acción: Conocer
Esencia: Curación
Poder: Realización

Raza: Azul - Transformar

Familia: Central

Clan: Sangre

Célula de Tiempo: Almacén

DESCRIPCION DEL SELLO SOLAR

El Sello Solar de la Mano Azul representa a la curación en todas sus formas y dimensiones. Es una energía que nos impulsa a conocer y a experimentar el camino hacia la salud y el bienestar. Nos invita a acoger nuevas experiencias y liberar lo que ya no nos es beneficioso, vinculado la percepción de nuestras manos como extensiones fundamentales de nuestro ser. Mas que simples herramientas, nuestras manos tienen el poder de transformar todo nuestro entorno, invitándonos a construir, sanar y canalizar nuestra energía vital en la búsqueda del bienestar integral.

La Acción de Conocer.

La Mano Azul nos entrega la acción de conocer, pero este acto trasciende el mero conocimiento superficial. Se trata más bien de una comprensión profunda lograda a través de la observación cuidadosa, la investigación meticulosa y el estudio continuo. Este sello nos incentiva a explorar nuevas perspectivas, cuestionar los confines de nuestras creencias existentes y estar abiertos a la transformación en nuestro propio camino. Se manifiesta como un proceso constante y profundo de descubrimiento, atención consciente e introspección.

Este conocer también se nos presenta como un puente simbólico entre conceptos aparentemente opuestos: el dar y el recibir, el hacer y el soltar. En este contexto, conocer se convierte en una forma de equilibrio, una síntesis donde la generosidad y el altruismo encuentran su reciprocidad en el aprendizaje y la receptividad. No se trata solo de extender la mano, sino también de estar dispuesto a recibirla, creando un ciclo de retroalimentación positiva que beneficia tanto al individuo como al colectivo.

Es en esta intersección de elementos donde el altruismo se revela como un componente fundamental. El conocer impulsado por un sentido de altruismo amplía la esfera de la conciencia más allá del yo individual. No es solo una búsqueda de automejoramiento, sino también un camino hacia una comprensión de las necesidades, aspiraciones y luchas de otros. Conocer de esta manera es un acto social y ético, que lleva consigo la responsabilidad de aplicar lo aprendido para el bienestar común.

Este tipo de conocimiento se relaciona intrínsecamente con la nobleza y la justicia, valores que no solo enriquecen sino que también elevan nuestra búsqueda del saber. Más que una simple actividad, este impulso para conocer se convierte en una verdadera vocación. Se presenta como una forma de servir y de realizar, extendiendo una invitación a explorar las dimensiones más profundas de la vida, tanto externa como interna. Al adoptar esta acción de conocer, fomentamos una expansión en la empatía y una profundización de nuestras conexiones humanas.

La Esencia de la Curación.

La esencia de la Mano Azul es la curación. Esta esencia trasciende el concepto médico de curar enfermedades físicas, sino más bien nos invita a adentrarnos en un espacio más holístico de bienestar, que incorpora la mente, el cuerpo y el espíritu. Aquí, la curación se manifiesta no solo como un acto, sino como una presencia constante que se teje en el núcleo de nuestras vidas, permitiéndonos acoger lo desconocido, sanar las heridas internas y externas, y pacificar las turbulencias emocionales y espirituales.

Esta cualidad de curación no es unidimensional; se expresa a través de diversas manifestaciones como la generosidad y la nobleza. Estos valores no son abstracciones, sino energías vivas que se manifiestan en actos concretos. Los abrazos, por ejemplo, dejan de ser un mero gesto físico para transformarse en portadores de salud y protección. Cada toque es una transmisión de energía que puede reconfortar a una mente inquieta, revitalizar un cuerpo cansado o alegrar un espíritu agobiado.

Este acto de curación también lleva consigo una profunda responsabilidad. Aceptar el don de la habilidad para sanar es, en efecto, asumir un compromiso hacia el bienestar propio y ajeno. Es un reconocimiento de que la salud, en su más amplio sentido, es una responsabilidad comunitaria. Este compromiso va más allá del cuidado personal y se extiende hacia un contexto más amplio que abarca el servicio social y, en última instancia, el cuidado de la tierra y su ecosistema. En esta perspectiva, la curación se convierte en un acto de justicia, un equilibrio necesario en el ciclo de dar y recibir que sustenta la vida.

La Mano Azul también reconoce que la curación no está confinada a la acción de las manos físicas. Se extiende al ámbito metafísico a través de la canalización de energías, que pueden manifestarse en diversas prácticas como la meditación, los mudras y la adivinación. Estas prácticas sirven como puentes entre el mundo tangible y el intangible, permitiendo que la energía fluya más libremente y realice su trabajo curativo. Estas son herramientas que, cuando se utilizan con la debida conciencia y responsabilidad, tienen el poder de transformar y elevar.

El Poder de la Realización.

El poder de la Mano Azul es la realización, entendida como la ejecución y culminación de actividades, especialmente las que emplean las manos en procesos de sanación, creación y transformación. Este poder trasciende la mera finalización de tareas, es el punto en el que acción de conocer y la esencia de curar se unen en un momento de síntesis activa, marcando tanto un final como el inicio de un nuevo ciclo en el flujo perpetuo de la vida.

Aquí, la realización es tanto una manifestación de logros personales como un acto de servicio al bienestar colectivo. No representa un sentimiento egocéntrico de satisfacción, sino una comprensión profunda de que cada acción que emprendemos tiene un impacto más allá de nosotros mismos. Ya sea sanar con nuestras manos, construir algo significativo o impartir conocimiento, cada acto de realización contribuye al bienestar de la comunidad y, en un sentido más amplio, al equilibrio del mundo.

La acción de realizar también se asocia con el concepto de consumación, que es el momento en que todas las actividades, sean de aprendizaje, creación o servicio, encuentran su finalización. Pero este cierre no es un final absoluto; más bien, es un punto de inflexión que impulsa nuevos ciclos de acción y transformación. Por lo tanto, la realización se convierte en un proceso continuo, un dinámico equilibrio entre terminar y comenzar de nuevo, donde cada logro sienta las bases para futuras exploraciones y descubrimientos.

En este marco de realización, todos los aspectos del Sello Solar de la Mano Azul se unen en una sinergia poderosa. Cada decisión tomada, cada minuto dedicado a aprender o sanar, cada acto de dar y recibir, confluyen en un todo cohesivo que va más allá de la suma de sus partes. Es aquí donde la realización toma su forma más elevada, no solo como un acto de hacer, sino como una forma de expresión del ser, que expande nuestra capacidad para influir positivamente en el mundo y, en última instancia, en el curso de la vida misma.

LA MANO AZUL EN LAS PERSONAS DESPIERTAS

Las personas que nacen bajo la energía de la Mano Azul y logran sintonizarse con ella para despertarla, son seres profundamente comprensivos y serviciales. Dotados de una intuición aguda y una habilidad innata para la curación y la transformación, perciben la vida como un camino en constante evolución, donde pueden expresar su generosidad y su compromiso hacia el bienestar colectivo.

Cuando están despiertos, albergan en su interior una gran sabiduría que les permite explorar las profundidades de su ser, descubrir verdades ocultas y aportar claridad a su mundo exterior. Son seres capaces de trascender el conocimiento superficial para alcanzar una comprensión más profunda de la vida misma.

Las Manos Azules despiertas también valoran y respetan los momentos de quietud y meditación. Utilizan estos espacios para reflexionar, recargar energías y prepararse para enfrentar los desafíos y oportunidades que puedan surgir. Su habilidad para dejar ir lo que les limita y equilibrar todas las áreas de su vida, les permite avanzar con confianza y seguridad.

Cuando están despiertos, la energía de la Mano Azul les otorga una capacidad única para realizar y crear, respaldados por fuerte sentido de responsabilidad. Ven la vida como un lienzo en el que cada acción tiene el potencial de contribuir a la construcción de un mundo más equilibrado y justo. De esta manera, son capaces de manifestar su visión y transformarla en realidad a través de actos deliberados y conscientes.

Las Manos Azules despiertas también poseen una gran sensibilidad hacia sus emociones y experiencias, así como hacia las de los demás. Esta conexión emocional les permite ser empáticos y comprensivos, convirtiéndose a menudo en el apoyo esencial para sus seres queridos.

Aunque valoran la introspección y la meditación, también comprenden la importancia de la colectividad y la interacción social. El bienestar de los suyos y de su entorno suele tener un significado especial para ellos, y a menudo se esfuerzan por contribuir a la creación de un ambiente seguro y armonioso.

LA MANO AZUL EN LAS PERSONAS DORMIDAS

Las personas nacidas bajo la energía de la Mano Azul, pero que no logran sintonizarse con ella, suelen inhibir su gran potencial, limitando su propia capacidad de crecimiento y transformación, a menudo desconociendo o subestimando su potencial para la curación y la creación.

Al no comprometerse con sus acciones, pierden la oportunidad de cultivar su intuición y su sabiduría. Esto puede llevarlos a experimentar una falta de autoconocimiento y de comprensión profunda. Como resultado, les resulta complicado descifrar tanto sus propios sentimientos y deseos como los de los demás. Esta desconexión frecuentemente los deja atrapados en sus propias creencias limitantes, impidiéndoles expandir su horizonte y abrazar nuevas oportunidades.

Cuando están dormidos, las Manos Azules suelen evitar enfrentarse a los desafíos o lidiar con las tensiones en sus vidas. En lugar de buscar activamente superar obstáculos y crear armonía, suelen ser percibidos como pasivos o complacientes. En este estado, su capacidad innata para sanar y crear se ve disminuida, y pueden sentirse desconectados tanto de los demás como de sus propios propósitos. Esta desconexión se manifiesta a menudo en la formación de relaciones superficiales, dificultades en sus interacciones y un compromiso limitado con su entorno.

Las Manos Azules no sintonizadas a su energía, también pueden mostrar reticencia para expresar su generosidad y altruismo. Aunque en su interior albergan un profundo sentido de responsabilidad hacia los demás, suelen tener problemas para manifestarlo de manera efectiva.

Finalmente, cuando están dormidas, las personas con la energía de la Mano Azul suelen transitar la vida en un estado de estancamiento e inercia. La autorreflexión y la meditación que deberían buscar, pueden parecerles inalcanzables, y la belleza inherente al cambio y a la autotrascendencia puede pasarles desapercibida. Sin estos momentos de quietud y reflexión, pueden perderse en el ruido externo, desconectándose de su sabiduría interna y de su capacidad de autocuración.

QUE HACER EN EL DÍA DE LA MANO AZUL

El día de la Mano Azul es un llamado a la reflexión profunda y la autocuración. Este día te invita a permitir que los matices de esta energía fluyan dentro de ti, guiándote hacia la realización y la sanación. Identifica los obstáculos internos que necesitan ser superados y los patrones que deben ser modificados. Hoy contamos con el poder excepcional de transformar nuestras vidas; utiliza este día para abrazar plenamente la posibilidad de crecimiento personal.

Aprovecha también la energía de la Mano Azul para sincronizarte con tu resiliencia interna. Cada reto que enfrentamos y superamos es un testimonio de nuestra fortaleza interna. Si te encuentras ante un obstáculo, recuerda que a través del poder de la realización tenemos la capacidad de crecer y evolucionar. No te quedes sentado; levántate y avanza al ritmo que la vida te va presentando, asumiendo cada desafío como una oportunidad.

El día de la Mano Azul también es también un momento ideal para practicar la meditación, un acto de conexión contigo mismo y con el flujo energético del universo. Considera integrar técnicas de relajación y visualización para fomentar una mayor comprensión de tus propios procesos internos. Afina tu sintonía con la capacidad inherente de tu cuerpo y mente para sanar y transformar.

En este día, no solo permítete ser creativo, siéntete impulsado a serlo. La energía de la Mano Azul favorece la expresión auténtica y la manifestación de tus pensamientos y emociones a través de actos de creación. Puede ser a través de la escritura, la pintura, la música, o cualquier forma de arte que te permita externalizar lo que llevas dentro.

Al finalizar este día, recuerda buscar la armonía entre tu ser interno y el mundo exterior, actuar con autenticidad y ejercer tu capacidad de sanar y transformar de manera consciente y respetuosa. Agradece el camino recorrido e intenta cultivar relaciones que sean auténticas y sinceras y que contribuyan al bienestar colectivo.

LA ESTRELLA AMARILLA

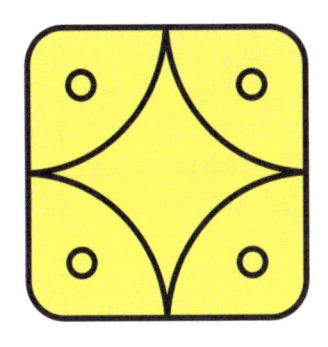

BASE ORÁCULO QUINTA FUERZA

Antípoda   Destino   Análogo

Oculto

Nombre Maya: LAMAT
Código: 8
Nota Musical: Mi
Dirección: Sur
Planeta: Venus
Chacra: Plexo Solar
Miembro: Cuarto dedo del pie derecho
Arquetipo: El Artista
Guardiana de la Belleza, Cantante Estelar
Acción: Embellecer
Esencia: Arte
Poder: Elegancia

Raza: Amarilla - Madurar

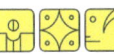

Familia: Señal

Clan: Sangre

Célula: Almacén

DESCRIPCION DEL SELLO SOLAR

El Sello Solar de la Estrella Amarilla representa a la integridad de la resonancia y la armonía, es un portal estelar que nos proyecta hacia la expansión de nuestra realidad más allá de las estrellas. Este Sello simboliza a una inteligencia refinada y luminosa que actúa como una fuente de inspiración para aquellos que buscan la belleza en el universo. Además. actúa como un prisma a través del cual se filtran los rayos de la inteligencia, la ética y la inspiración, conformando una visión de vida llena de vitalidad, amor y coherencia.

La Acción de Embellecer.

La Estrella Amarilla nos entrega la acción de embellecer. A primera vista, podríamos pensar que embellecer es simplemente un acto superficial que tiene que ver con el arreglo o mejora del entorno visual. Sin embargo, su definición va mucho más allá de la mera estética. Embellecer es una manifestación de amor puro, una acción que aporta una luminosidad especial a la vida, inyectándola con paz, alegría y vitalidad.

Cuando hablamos de embellecer desde la perspectiva de la Estrella Amarilla, estamos hablando de un acto transformador que se realiza con un profundo respeto y humildad hacia todo lo que nos rodea. Aquí, el embellecimiento no es una acción egoísta o auto-centrada. Al contrario, es una acción que reconoce la armonía inherente en el universo y busca alinear nuestra propia energía con esa armonía cósmica. No es simplemente una forma de hacer que las cosas sean "bonitas"; es un modo de vida que honra la belleza intrínseca en todo y busca resaltarla. Es una ética que guía la acción, que convierte el embellecer en un acto de consciencia profunda.

La acción de embellecer se relaciona estrechamente con el concepto de coherencia. Embellecer no solo significa hacer algo más atractivo en un sentido superficial, sino que significa añadir una dimensión de coherencia y armonía que eleva la vida cotidiana. Es un acto de alineación, una sintonización que es comparable con ajustar una nota musical en una octava musical para crear una sinfonía más rica y profunda. Este embellecimiento es un acto de amor que llena los espacios vacíos con luz de amor, alegrando la vida y aportando paz en medio del caos

Además, la acción de embellecer conlleva un estado de expansión. A medida que encontramos la belleza en los detalles más pequeños y hacemos el esfuerzo de resaltarla, nuestra percepción de la realidad se expande. Vemos el mundo no solo como un escenario de acontecimientos mundanos, sino como un mundo lleno de oportunidades. Esta expansión de la realidad no es una evasión de ella; al contrario, es un compromiso más profundo con las múltiples dimensiones que la componen.

La Esencia del Arte.

La esencia de la Estrella Amarilla es el arte, que no se limita a la simple habilidad para crear; sino que representa una inteligencia superior, una imaginación sin límites que trabaja en perfecta sintonía con la verdad interior. Es un lenguaje universal, un medio a través del cual podemos comunicar emociones, ideas y visiones que de otro modo serían imposibles de explicar.

La vitalidad y la expansión son componentes clave en la manifestación del arte de la Estrella Amarilla. Aquí, la vitalidad no es solo un indicador de salud o energía física, sino una expresión de la fuerza vital que impulsa todo lo que existe. La expansión, por otro lado, se refiere no solo al crecimiento cuantitativo sino también al cualitativo, al desarrollo y la evolución de ideas y emociones en niveles cada vez más complejos y sofisticados. Esta vitalidad y expansión se encuentran alimentadas por una fuente inagotable de inspiración, que a menudo emerge de una perspectiva clara sobre la vida y el mundo que nos rodea.

Lo realmente extraordinario de la esencia del arte es que su impacto va más allá de la creación física o tangible. Aunque los frutos que produce, ya sea una obra de arte, una pieza musical, o cualquier otra forma de expresión artística, son innegablemente importantes, lo que realmente resuena es la prosperidad emocional y espiritual que genera. Estamos hablando de un tipo de riqueza que no puede medirse en términos materiales, pero que es crucial para el bienestar humano. Es una prosperidad que se siente en las profundidades del alma, que se experimenta como una forma de riqueza emocional y espiritual inmensurable.

En definitiva, la esencia del arte no es un acto egoísta de creación, sino un acto altruista de comunicación y compartir. Es una forma de inteligencia y de imaginación que opera en una frecuencia más alta, movida por una profunda sintonía con la verdad interior y con las realidades externas. El arte aquí no es solo un producto sino un proceso, un viaje continuo de autodescubrimiento y de conexión con el universo, y es esta travesía la que nos aporta una forma única de prosperidad emocional y espiritual.

El Poder de la Elegancia.

El poder de la Estrella Amarilla es la elegancia. Esta no es una cualidad superficial que únicamente se relaciona con la apariencia externa o la sofisticación; más bien, es una forma de ser que integra múltiples dimensiones, desde la sencillez y la seguridad hasta la originalidad. La elegancia no es sinónimo de pulcritud mecánica o de rigidez formal; es una emanación genuina del artista interior que reside en cada individuo. Este artista interior no solo crea, sino que vive y respira una forma de elegancia que es auténticamente suya, proyectando hacia el mundo exterior un halo de luz de amor y fortuna.

A esta elegancia también la podemos relacionar con el concepto de una mente iluminada, con aquella persona que posee una comprensión profunda de su propio potencial artístico y de su lugar dentro del universo. Este estado de consciencia permite que la persona se mueva en perfecta resonancia armónica, ajustando su vibración a la melodía del todo. Aquí, la elegancia no es una posesión que se adquiere, sino una cualidad intrínseca que se despliega de manera natural cuando uno está alineado con su verdad interior.

Además, esta elegancia actúa como una especie de llave cósmica que nos abre puertas a dimensiones más elevadas de existencia. Este no es un concepto místico inaccesible, sino una metáfora que captura cómo la elegancia, cuando se manifiesta plenamente, tiene el poder de elevar toda nuestra experiencia. Nos conecta con ciclos armónicos más elevados, donde conceptos como integridad, amor y coherencia no son solo ideales a los que aspirar, sino realidades tangibles que se viven cada día.

En definitiva, la elegancia es un baile entre el yo individual y el cosmos, entre la creatividad y la receptividad. Es una danza eterna en la que integridad y luz se entrelazan en una expresión sin fin de amor y coherencia. En este estado del ser, no hay contradicción entre la simplicidad y la complejidad, la humildad y la grandeza, la individualidad y la unidad. Todo es parte de una sinfonía más grande, y la elegancia es la melodía que surge cuando vivimos en armonía con la vida misma.

LA ESTRELLA AMARILLA EN LAS PERSONAS DESPIERTAS

Las personas que nacen bajo la energía de la Estrella Amarilla y logran sintonizarse con ella para despertarla, son verdaderos artistas. Son personas que ven el arte en todas las cosas, desde la grandiosidad de una puesta de sol hasta la sencillez de un grano de arena. Su visión aguda les permite percibir la belleza en los lugares más inesperados, llenando de color y vida todo su entorno. Se sienten llamados a crear, a embellecer y a traer armonía a su mundo.

Las Estrellas Amarillas despiertas son también sabios emocionales y espirituales. Su elegancia y arte no son manifestaciones aisladas, sino el resultado de una profunda coherencia emocional y espiritual. Son personas que han aprendido a escuchar su voz interior y a seguirla, incluso cuando se enfrentan a la resistencia o al escepticismo del mundo exterior.

Además, estas personas poseen una elegancia innata que trasciende lo superficial. No se trata solo de su apariencia, sino de un profundo gusto que radica en su coherencia interior, en su sintonía con su verdad más profunda. La seguridad que logran manifestar cuando están despiertas, nace de esa integridad y de esa capacidad para vivir de acuerdo con sus valores más profundos.

La consciencia es también una cualidad clave en las Estrellas Amarillas cuando están despiertas. Son conscientes de sí mismos, de sus acciones, de sus palabras y de su impacto en el mundo. Son empáticos, capaces de sintonizarse con los sentimientos y necesidades de los demás. Además, son capaces de ver más allá de lo evidente, de generar prosperidad, de imaginar realidades expandidas y de seguir la luz de su mente hacia nuevas perspectivas. Son capaces de sintonizarse con los ciclos armónicos del universo y de danzar al compás de ellos.

Las Estrellas Amarillas son personas que, en definitiva, son portadoras de luz. Son embellecedores, artistas, creadores y visionarios. Son faros de esperanza y belleza en el mundo, iluminando el camino para los demás con su amor, su luz y su elegancia.

LA ESTRELLA AMARILLA EN LAS PERSONAS DORMIDAS

Las personas que nacen bajo la energía de la Estrella Amarilla, pero que se encuentran dormidas debido a que no logran sintonizarse con ella, son individuos que suelen sentirse desconectados de su capacidad para percibir y apreciar el arte en todas sus formas, y les cuesta mucho encontrar la belleza en el mundo que les rodea.

A pesar de que poseen una elegancia interior innata, pueden tener dificultades para manifestarla en su vida diaria. Suelen sentirse inseguros o confundidos acerca de su propio valor. Esta falta de coherencia y seguridad en sí mismos se suele manifestar en una carencia de pulcritud y autenticidad en su vida personal y profesional. Esta desconexión también puede ser un reflejo de la falta de sintonía con su ser interior, lo cual no solo afecta su autoestima, sino también su habilidad para ver el mundo como un lugar lleno de oportunidades y belleza.

La falta de consciencia es otra característica de las Estrellas Amarillas en estado dormido. En este sentido, suelen no sentirse conectados con lo que piensan y lo que hacen, lo que los puede llevar a no encontrar un lugar en el mundo en el cual generar impacto. Aunque poseen todo el potencial para ser empáticos y comprensivos, luchan constantemente para conectarse con los sentimientos y las necesidades de los demás.

Por otro lado, a pesar de tener la capacidad de ser visionarios, suelen pasar por alto o no darse cuenta de las posibilidades que les rodean. Suelen sentirse atrapados en su realidad actual, incapaces de imaginar una realidad distinta y expandida que les permita evolucionar.

Cuando no están sintonizadas con su energía, estas personas también suelen tener una visión limitada de lo que significa la prosperidad. En este sentido, se enfocan únicamente en la riqueza material, descuidando la abundancia de amor, luz, belleza y armonía que está a su disposición. Pero además, les cuesta mucho encontrar la fortuna y la alegría en las experiencias simples de la vida, y pueden pasar por alto los pequeños milagros que ocurren a su alrededor.

QUE HACER EN EL DIA DE LA ESTRELLA AMARILLA

En el día de la Estrella Amarilla, la belleza y el arte cobran un significado especial. Permítete convertirte en un embellecedor del mundo que te rodea, descubriendo la belleza en las formas más simples y sorprendentes. Expresa tu creatividad sin restricciones y aprecia la armonía que surge de tus acciones y pensamientos.

Utiliza la energía de este día para conectarte con tu elegancia interior, con ese halo de dignidad y gracia que reside en ti. Cada gesto que haces es un recordatorio de tu autenticidad, de tu conexión con tus valores más profundos y la nobleza que te caracteriza. Haz una pausa para reflexionar sobre tu esencia, para sentir la seguridad que surge de tu coherencia y para reconocer la pulcritud que nace de tu integridad.

Además de la reflexión interna, este día te invita a la acción colectiva. Considéralo una oportunidad para compartir tu luz y creatividad con los demás. Ya sea a través de una obra de arte, un gesto de amabilidad o simplemente un elogio sincero, tu impacto positivo puede resonar y multiplicarse.

Este es también un día propicio para dejar de lado las inseguridades y permitir que la energía de la Estrella Amarilla te conduzca hacia una existencia más lúcida y armoniosa. Atiende a tu voz interior, sigue tus instintos y actúa de acuerdo con tu verdad interna. Recuerda que eres un ser libre, que posees la capacidad de elegir y de forjar tu realidad en cada instante.

El día de la Estrella Amarilla es también un recordatorio para activar tu potencial como artista. Cada detalle que embelleces, cada obra de arte que creas, transforma tu entorno. Ejerce este poder con amor y respeto. No temas ser un activador de luz, ser esa estrella que ilumina las sombras y trae consigo la promesa de la belleza intrínseca de todas la cosas.

En el día de la Estrella Amarilla, en definitiva, embellece con autenticidad, vive con elegancia, actúa con conciencia y emplea tu poder de manera consciente y respetuosa. Recuerda que eres un ser de luz y energía, y que tienes la habilidad de cambiar el mundo a tu alrededor con cada gesto y cada pensamiento.

LA LUNA ROJA

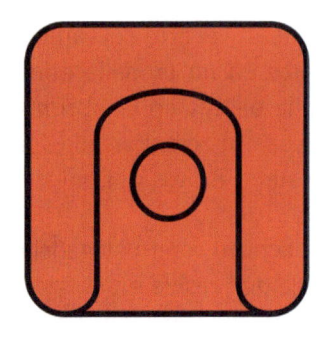

BASE ORÁCULO QUINTA FUERZA

Antípoda   Destino   Análogo

Oculto

Nombre Maya: MULUC
Código: 9
Nota Musical: Fa
Dirección: Este
Planeta: Mercurio
Chacra: Raíz
Dedo: Meñique del Pie Derecho
Arquetipo: La Sanadora
La Purificadora, El Naturalista
Acción: Purificar
Esencia: Flujo
Poder: Agua Universal

Raza: Roja - Iniciar

Familia: Portal

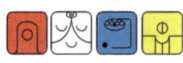

Clan: Sangre

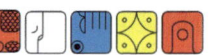

Célula: Proceso

DESCRIPCIÓN DEL SELLO SOLAR

El Sello Solar de la Luna Roja representa al Agua Universal como el elemento esencial de la vida. Este Sello es un símbolo de limpieza y renovación que evoca un mensaje de purificación vinculado con la sensibilidad y la sanación. La Luna Roja nos invita a limpiar nuestro ser en todos sus niveles, liberándonos de aquello que obstaculiza nuestra evolución. Es un emblema de adaptabilidad, equilibrio emocional y fuerza vital, encapsulando la energía sanadora de lo femenino, los ciclos naturales y la creatividad que fluye como el agua en su estado más puro.

La Acción de Purificar.

La acción de la Luna Roja es la de purificar, un concepto que abarca mucho más que simplemente limpiar o sanar. Esta acción es una fuerza transformadora que va más allá de la superficie, alcanzando las profundidades del ser humano a niveles emocionales y psíquicos. Es un llamado a la introspección, un deseo de sanar lo que ha estado roto o manchado, de restaurar el equilibrio perdido y de alcanzar una armonía en todos los aspectos de la vida.

El acto de purificar se materializa en varias formas y en diversos niveles de nuestra existencia. Emocionalmente, este acto simboliza la necesidad de liberar las emociones estancadas, las que nos detienen y nos impiden fluir con la corriente de nuestras vidas. Psíquicamente, la acción de purificar aboga por una limpieza de la mente, liberándola de pensamientos tóxicos o limitantes. Este proceso de purificación es también una forma de reconciliación con uno mismo, un acercamiento hacia la aceptación y la empatía. Cuando purificamos nuestras emociones y nuestra psique, nos abrimos a una comprensión más profunda de quienes somos, lo que nos permite practicar una empatía más auténtica no solo hacia nosotros mismos, sino también hacia los demás.

Además este acto de purificación puede verse como un impulso hacia una mayor comunicación cósmica. Es un proceso que nos recuerda nuestra conexión con algo más grande que nosotros mismos, algo universal y eterno. Al purificarnos, nos volvemos más receptivos a los mensajes del universo y más conscientes de nuestra naturaleza intrínseca, facilitando así el recuerdo y la conciencia de nuestra memoria ancestral.

En definitiva, la acción de purificar en el Sello Solar de la Luna Roja es una energía que nos invita a embarcarnos en un viaje de limpieza, auto-descubrimiento y transformación. Es una acción que incide en varios aspectos de nuestro ser, desde la observación de nuestras emociones hasta nuestra esencia espiritual, orientándonos hacia una existencia más equilibrada y enriquecedora.

La Esencia del Flujo.

La esencia de la Luna Roja es el flujo, una idea que va mucho más allá de un simple movimiento o corriente. En este contexto, el flujo no es solo un estado físico, sino una cualidad intrínseca de la vida misma, un indicativo de adaptabilidad y flexibilidad que resuena en cada dimensión de nuestra existencia. Estas dos características, la adaptabilidad y la flexibilidad, no son meramente deseables; son absolutamente cruciales para la supervivencia y el desarrollo, tanto en un nivel individual como en el ámbito colectivo.

Entender el flujo como la esencia de este sello nos lleva a una comprensión más profunda de lo que significa ser sensibles e imaginativos. La sensibilidad aquí no se refiere solo a la capacidad de percibir emociones o estímulos, sino a la aptitud de responder a los cambios y las fluctuaciones de nuestro entorno de manera proactiva y constructiva, en una forma que favorezca nuestro bienestar.

Este concepto de flujo se encuentra también vinculado a lo cíclico, lo femenino y la naturaleza. En cuanto a lo cíclico, representa a los eternos ciclos de comienzos y finales que conforman nuestras vidas y nuestro entorno. En relación con lo femenino, también nos habla sobre los ciclos femeninos, pero además abarca la receptividad, la nutrición y la intuición, cualidades que son fundamentales para realzar nuestra capacidad de fluir. En cuanto a la naturaleza, el flujo se manifiesta como una constante, desde las estaciones que cambian hasta los ecosistemas que se adaptan y evolucionan.

En definitiva, el flujo no se trata únicamente de dejarse llevar por la corriente, sino de hacerlo con una comprensión y una intención plenamente conscientes. Ser conscientes del flujo en nuestras vidas nos permite movernos con propósito y gracia a través de los variados paisajes que encontramos, tanto internos como externos. Nos ayuda a adaptarnos cuando es necesario, a mantenernos flexibles en el rostro de lo desconocido y a movilizar nuestras capacidades innatas de sensibilidad e imaginación para vivir una existencia más rica y gratificante.

El Poder del Agua Universal.

El poder de la Luna Roja es el agua universal, una metáfora rica y profunda que trasciende el simple concepto de agua que conocemos. Este concepto va más allá de lo físico, encapsulando la fuente primordial de toda vida y sirviendo como base para nuestras realidades emocionales y psíquicas. El agua no es solo un elemento, sino una entidad compleja que refleja la dualidad intrínseca en todos los aspectos de la vida: es a la vez la gota individual que cae en un estanque y el vasto océano que abarca la Tierra. Esta dualidad representa el equilibrio entre la individualidad y la colectividad, entre lo micro y lo macro.

Este poder del agua universal se manifiesta de múltiples maneras, desde el ámbito biológico hasta el emocional y el intelectual. En la naturaleza, es el agente primordial de la fecundación y la germinación, el medio a través del cual la vida nueva surge y se desarrolla. En el ser humano, el agua funciona como un catalizador para la gestación de ideas, emociones y relaciones. Además, dado que el cuerpo humano se compone principalmente de agua, se podría argumentar que cada pensamiento creativo, cada emoción profunda y cada conexión genuina que experimentamos son, en esencia, un tipo de germinación y crecimiento impulsados por esta fuerza vital.

Asimismo, el agua universal es un símbolo de lo eterno y lo cíclico. Estos conceptos están reflejados en manifestaciones tan diversas como el calostro, que es el primer alimento que recibe un recién nacido, y la sangre, que es vista como la fuerza esencial de la vida en numerosas tradiciones y culturas. Ambos líquidos corporales vitales son representaciones tangibles de la idea más abstracta de un ciclo de vida y renovación.

El carácter "universal" de este poder del agua pone en relieve la interconexión inherente entre todos los seres. Esta universalidad también conlleva una responsabilidad colectiva: la de proteger, conservar y nutrir este recurso indispensable. No es solo el agua en nuestros ríos, océanos y acuíferos lo que debemos proteger, sino también las dimensiones corporales, emocionales y psíquicas que fluyen en cada uno de nosotros.

LA LUNA ROJA EN LAS PERSONAS DESPIERTAS

Las personas que nacen bajo la energía de la Luna Roja y logran sintonizarse con ella para despertarla, destacan por su capacidad innata para adaptarse y fluir con las circunstancias de la vida. Su intensidad se manifiesta en la forma en que enfrentan cada desafío con flexibilidad y resiliencia, percibiendo en cada cambio una oportunidad para el crecimiento personal.

En su estado despierto, poseen una sensibilidad y empatía sobresalientes. Son conscientes de su entorno y de las necesidades no expresadas de quienes les rodean. Pueden comprender y conectar con los demás a un nivel muy profundo, lo que les permite establecer relaciones sólidas y significativas. Son además muy intuitivos y sensibles, lo que les permite sintonizarse con sus propias emociones, aceptarlas y utilizarlas como fuente de impulso y de guía en su camino.

Cuando logran sintonizarse con su energía, no solo logran absorber y canalizar las emociones y energías a su alrededor, sino también transmutarlas y purificarlas. Su capacidad de "ser como el agua" los hace increíblemente adaptables, capaces de ajustarse a diversas situaciones y personas sin perder su esencia, al tiempo que encarnan la capacidad de superación y purificación. Viven cada momento con pasión y poseen una comprensión profunda de quiénes son. Esta habilidad de fluir y adaptarse también los convierte en mediadores excepcionales en situaciones de conflicto, ayudando a restaurar el equilibrio y la armonía.

Las Lunas Rojas despiertas son también creativas y espontáneas. Su imaginación es ilimitada y su habilidad para soñar y crear es inmensa. Utilizan su creatividad para expresarse y navegar a través de la vida de una manera única.

Además pueden transformarse en grandes sanadores y protectores por naturaleza. Al igual que el agua que rodea, protege y nutre, estas personas buscan crear un ambiente seguro y limpio para ellos y para los demás. Su naturaleza maternal los convierte en cuidadores excelentes, siempre dispuestos a ofrecer un hombro sobre el que apoyarse y a extender una ayuda a todo aquel que lo requiera.

LA LUNA ROJA EN LAS PERSONAS DORMIDAS

Las personas que nacen bajo la energía de la Luna Roja, pero que se encuentran dormidas porque no han logrado sintonizarse con ella, suelen tener problemas para adaptarse a los cambios en su vida. En lugar de fluir con las circunstancias, pueden resistirse a ellas, ansiando la seguridad y la previsibilidad. Su miedo a lo desconocido y a la incertidumbre puede limitar su capacidad para abordar desafíos y oportunidades con flexibilidad y resiliencia.

A pesar de que poseen la capacidad de ser empáticos y sensibles, a menudo no están plenamente en sintonía con estas habilidades, lo que puede resultar en un aislamiento emocional de los demás y un enfoque más centrado en sí mismos.

Al no estar completamente conectados con su propia esencia y potencial, suelen pasar por alto y no valorar su energía vital interior. Esto a menudo los lleva a experimentar una falta de autoestima y confianza en sí mismos, y a una tendencia a subestimar su propia capacidad para afrontar y superar los desafíos.

Además, la energía y la habilidad para actuar, inherentes a la Luna Roja, pueden verse mermadas cuando están dormidas. En lugar de permitir que su energía vital les impulse hacia nuevas aventuras y aprendizajes, pueden sentirse vulnerables y solos, sin tomar conciencia del poder que habita dentro de ellos.

En su estado dormido, las Lunas Rojas tienden a tener dificultades para liderar. Pueden carecer de la confianza necesaria para guiar a los demás y suelen ser reacios a asumir roles de liderazgo. En lugar de ver la incertidumbre como una oportunidad para crecer, adaptarse y aprender, pueden temerla y esquivar situaciones que la impliquen.

Finalmente, cuando están dormidas, las personas que llevan consigo la energía de la Luna Roja, en lugar de ser actores proactivos en su propia vida, se relegan a ser meros espectadores, dejando que la vida suceda a su alrededor sin su intervención consciente. Se hallan a menudo perdidos en un mar de dudas y miedos, con sus potencialidades y dones oscurecidos por la falta de adaptabilidad y conexión con su esencia.

QUE HACER EN UN DÍA LUNA

En el día de la Luna Roja, es importante sumergirnos en el flujo constante de emociones que esta energía trae consigo. Es un día para recordar nuestro potencial inherente de resiliencia y adaptación, honrando nuestra capacidad de purificar y canalizar nuestras emociones a través de las transformaciones que vivimos en medio de la corriente cambiante de la vida.

Es también el momento propicio para conectarnos con nuestra esencia, con aquello que nos hace únicos, y celebrar toda la energía interna que nos ha permitido navegar las aguas de la existencia. Siente el poder de tu propia adaptabilidad vibrar dentro de ti, iluminando cada instante de este día. Hoy cuentas con el poder del agua para purificar tu cuerpo, mente y espíritu.

La Luna Roja nos recuerda la importancia de estar en sintonía con nuestro lado emocional, a enfrentar nuestros miedos y a transformarnos. Esta energía nos impulsa a abrazar la totalidad de nuestra experiencia humana, aceptando tanto nuestras fortalezas como nuestras vulnerabilidades.

Además, este día nos invita a reconectar con nuestra intuición y sabiduría interna. Presta atención a las sutilezas de tus sensaciones, a los mensajes que han sido presentados a través de tus emociones. Hoy disponemos de un gran poder sanador; utiliza ese poder para salir de cualquier situación adversa que pueda presentarse.

El día de la Luna Roja también nos ofrece la oportunidad de fluir con y a través de los cambios; nos impulsa a movernos con gracia y flexibilidad ante cualquier desafío que se nos presente. No luches contra la corriente de la vida, aprende más bien a surfear sus olas. Encara los desafíos con valentía, permite que te moldeen y te fortalezcan.

Al finalizar este día, celebra tu adaptabilidad y tu intuición, honrando tu capacidad para sanar y purificar todo aquello que ya no te beneficia. Agradece por las bendiciones que has recibido, abre la puerta a lo nuevo y permite que lo viejo se vaya. Para purificar nuestro ser, debemos aprender a soltar, y este día se nos presenta una gran oportunidad para hacerlo.

PERRO BLANCO

BASE ORÁCULO QUINTA FUERZA

Antípoda   Destino   Análogo

Oculto

Nombre Maya: OK
Código: 10
Nota Musical: Sol
Dirección: Norte
Planeta: Mercurio
Chacra: Corona
Dedo: Pulgar Mano Izquierda.
Arquetipo: El Compasivo
Portador de las Enseñanzas del Amor
Acción: Amar
Esencia: Lealtad
Poder: Corazón

Raza: Blanca - Refinar

Familia: Polar

Clan: Verdad

Célula: Proceso

DESCRIPCIÓN DEL SELLO SOLAR

El Sello Solar del Perro Blanco representa al amor incondicional, esa fuerza poderosa y pura que une a todos los seres. Es un símbolo que va más allá de las palabras y se arraiga en lo más profundo de nuestro ser, manifestándose en nuestras relaciones y en nuestra conexión con el mundo espiritual. Pero el Perro Blanco es mucho más que una mera representación de sentimientos afectuosos. Su energía se traduce en un compromiso inquebrantable con los ideales del respeto, el equilibrio y la justicia.

Acción de Amar.

El Perro Blanco nos entrega la acción de Amar. Este amor no se trata de un amor superficial o efímero, sino de un amor profundo y verdadero. En la dimensión del Perro Blanco, amar no es meramente un sentimiento pasivo o una emoción fugaz; es una acción deliberada y consciente que impulsa la vida misma.

Este amor se manifiesta como un ciclo continuo de dar y recibir. Como el flujo constante de una fuente inagotable, implica una reciprocidad que va más allá de la mera transacción. No es un intercambio calculado, sino una ofrenda generosa y abierta que no busca nada a cambio.

Este acto de amar también se traduce en respeto, aceptación y reconocimiento. Respetar significa honrar la dignidad y la individualidad de los demás, aceptar sus diferencias y valorar lo que cada uno aporta a la vida. Aceptar es una manifestación de amor que permite abrazar a los demás tal como son, sin juicios ni condiciones. Reconocer va más allá de la mera observación; es una afirmación de la validez y la importancia del otro en nuestro mundo.

El amor profundo y verdadero en este contexto también significa enfrentarse a desafíos como los miedos, los celos y las inseguridades. Implica la valentía de ser vulnerable, la fuerza para perdonar y la sabiduría para agradecer. Es un amor que no se desvanece en la adversidad sino que se fortalece y crece, encontrando su expresión en la alegría, la armonía y la paz.

La energía del amor no es un concepto abstracto en el Sello Solar del Perro Blanco; es el alimento vital que motiva a la acción en esta dimensión. Alimenta el corazón y el alma, impulsando a individuos a actuar con compasión y empatía. Este amor, en su forma más pura y elevada, se convierte en una fuerza motriz que guía nuestras acciones, define nuestras relaciones y forma la esencia misma de nuestra humanidad.

En última instancia, el amor en la energía del Perro Blanco no es una mera palabra o un ideal distante. Es una práctica viva, una forma de estar en el mundo que abre caminos hacia una realidad más profunda y significativa.

Esencia de la Lealtad.

La esencia del Perro Blanco es la Lealtad, una virtud que va más allá de la simple fidelidad. En este contexto, la lealtad simboliza una adhesión firme y constante a un compromiso ético y moral, reflejando la honestidad y la integridad en todas las relaciones, ya sean con amigos, compañeros o incluso con uno mismo.

Esta lealtad no es un concepto rígido o limitante. Se extiende no solo hacia los amigos y compañeros sino también hacia uno mismo, en un reconocimiento profundo de la propia verdad y dignidad. La lealtad hacia uno mismo es el punto de partida, la base sobre la cual se construyen todas las demás relaciones leales. Implica un respeto profundo por la propia esencia y una alineación con los propios valores y creencias.

En la búsqueda de la justicia, la equidad y el equilibrio, la lealtad se convierte en una guía para navegar las complejidades de la vida. No es ciega ni incondicional, sino que está informada por un sentido de lo que es correcto y justo. Esta búsqueda de justicia y equidad se refleja en la defensa inquebrantable de los suyos, donde "los suyos" no son solo la familia y los amigos cercanos, sino todos aquellos que comparten valores y visiones similares.

La lealtad también implica una nobleza en su forma más pura. Es una cualidad que no busca recompensas o reconocimientos externos, sino que se manifiesta en acciones y decisiones diarias. La nobleza en la lealtad se encuentra en el servicio desinteresado, en la protección de los vulnerables y en la valentía para mantenerse firme en las convicciones, incluso frente a la adversidad o la oposición.

Además, la lealtad en el contexto del Perro Blanco está vinculada con la capacidad de trabajar en equipo, de ser protector y guardián de una comunidad o un ideal. Se convierte en la fuerza unificadora que permite a las personas trabajar juntas hacia un objetivo común, manteniendo la cohesión y la armonía incluso en momentos de desafío y cambio.

Poder del Corazón.

El poder del Perro Blanco es el Corazón, el cual no se refiere únicamente al sentido anatómico o físico del término. En este contexto, el corazón es un símbolo y una realidad viviente de amor incondicional, de paz y armonía. Es la fuerza espiritual que impregna todo el ser, dando vida y sentido tanto a la esencia como a la acción.

Este amor incondicional es el núcleo de lo que significa el poder del corazón. Es un amor que no juzga, no discrimina y no exige. Es un amor que fluye libremente, tocando a todos y todo sin reservas ni restricciones. En la presencia de este amor, se establece una paz profunda, una tranquilidad que trasciende las trivialidades y los conflictos de la vida cotidiana.

La armonía es otra expresión del poder del corazón, reflejando una sintonía con los ritmos y las resonancias de la vida. En armonía, el Perro Blanco encuentra un equilibrio dinámico, una danza entre las fuerzas opuestas, una unión de lo diverso y lo complejo en una totalidad coherente y hermosa.

El corazón como fuerza espiritual es también un puente de acceso a dimensiones superiores. No es solo una metáfora, sino una experiencia directa y viviente de conexión con realidades más profundas y sutiles. A través del corazón, se abren caminos hacia otra realidad, una realidad donde las limitaciones y las divisiones de la vida terrestre se disuelven en una comprensión más profunda y una unidad más amplia.

El corazón también significa servir como guardián y guía, proteger y cuidar con un amor emotivo y afectuoso. No es una protección basada en el miedo o la defensa, sino en un amor profundo que comprende y acepta. Es un cuidado que va más allá de la superficie, alcanzando las partes vulnerables y sensibles de los seres.

En última instancia, el poder del corazón en el Perro Blanco es una manifestación de lo divino en lo humano, una expresión de la esencia eterna en la forma temporal. A través del corazón, el Perro Blanco invita a todos a una vida más auténtica y significativa, a una vida llena de amor, paz y armonía.

EL PERRO BLANCO EN LAS PERSONAS DESPIERTAS

Las personas que nacen bajo la energía del Perro Blanco y logran sintonizarse con ella para despertarla, son seres que exhiben una personalidad radiante y llena de amor incondicional. Su naturaleza despierta les permite conectarse profundamente con los demás, actuando como un puente hacia dimensiones superiores de entendimiento y compasión.

Estas personas son a menudo percibidas como líderes espirituales y guías, debido a su fuerza espiritual y su compromiso inquebrantable con la justicia y el equilibrio. La lealtad y la fidelidad son parte fundamental de su ser, y se traducen en relaciones profundas y significativas en las cuales el respeto y la honestidad son primordiales.

Cuando están despiertos, las personas que portan la energía del Perro Blanco es altamente servicial y protectora. La valentía y la nobleza no son simples palabras para ellos, sino que son principios vivientes que guían sus acciones y decisiones. Son defensores apasionados de sus seres queridos y luchan incansablemente por la armonía y la paz.

Esta energía también les permite reconocer y aceptar sus emociones con una gran sensibilidad. Son emotivos y afectuosos, y su alegría y espontaneidad son contagiosas. La capacidad de dar y recibir amor se manifiesta en todas sus interacciones, y su amor verdadero y profundo se siente en cada gesto y palabra.

El trabajo en equipo y la colaboración son naturales para las personas sintonizadas con el Perro Blanco. Su capacidad para relacionarse con los demás va más allá de lo superficial, y su honestidad y apertura permiten una comunicación genuina y una conexión real. Son amigos y compañeros en el más verdadero sentido de las palabras.

La personalidad del Perro Blanco despierto también se caracteriza por una profunda comprensión de la ley terrestre y espiritual. Están en sintonía con las fuerzas universales y actúan como guardianes y guías en el camino espiritual, proporcionando acceso a otra realidad y abriendo caminos hacia la iluminación.

EL PERRO BLANCO EN LAS PERSONAS DORMIDAS

Las personas nacidas bajo la energía del Perro Blanco, pero que no logran sintonizarse con ella, suelen encontrar dificultades en abrir sus corazones, quedándose atrapadas en patrones de miedo, celos y desequilibrio emocional. Esta falta de conexión con su esencia amorosa puede hacer que parezcan reacios a dar y recibir amor, y, como resultado, pueden quedarse atrapados en relaciones superficiales y distantes.

Los Perros Blancos, cuando están dormidos, a menudo luchan para encontrar su auténtica naturaleza, experimentando una desconexión con los demás y con su propio corazón. En este sentido, suelen tener dificultades para ser honestos y nobles, escondiéndose tras un velo de inseguridad y complacencia. Esta disociación puede conllevar una falta de profundidad en su interacción con los demás, generando un desequilibrio entre su verdadero ser y la versión de sí mismos que presentan al mundo.

Cuando están dormidas, también suelen evitar enfrentar conflictos o lidiar con las tensiones en sus relaciones, en lugar de buscar activamente resolver las diferencias y fortalecer lazos de amistad y compañerismo. Esto puede llevarles a ser percibidos como indecisos o evasivos. En este sentido, su habilidad para trabajar en equipo y proteger a los suyos suele verse disminuida, y pueden sentirse desconectados tanto de los demás como de su propia fuerza espiritual.

Los Perros Blancos no sintonizados también pueden tener dificultades para apreciar el valor de la lealtad y el amor profundo. A menudo suelen aferrarse a los miedos y resentimientos, perdiendo la belleza inherente a la aceptación y el perdón. Esta resistencia a veces puede manifestarse como una negación de su propia valentía y nobleza, manteniendo una postura defensiva y cerrada.

No obstante, en el interior de cada Perro Blanco, existe la posibilidad de despertar. Al acoger la honestidad, el respeto, la valentía, y el amor incondicional, y enfrentando los miedos y celos que puedan haber oscurecido su esencia, el Perro Blanco puede comenzar a redescubrir su verdadera naturaleza.

QUE HACER EN UN DIA PERRO

En el día del Perro Blanco, vive con la convicción y el compromiso de abrir tu corazón al amor y la lealtad. Esta energía te invita a ser fiel a tus convicciones y a abrazar la nobleza y valentía que residen en tu ser. Dedica tiempo a nutrir tus relaciones, a ofrecer y recibir amor de manera incondicional, y a fortalecer los lazos de amistad.

También, en este día, la acción de Amar cobra una relevancia especial. Es una invitación a manifestar un amor profundo y verdadero, no como un mero sentimiento, sino como una acción deliberada, un intercambio constante de dar y recibir. Este amor se traduce en respeto, aceptación y reconocimiento hacia los demás y hacia uno mismo.

El día del Perro Blanco es además una invitación a reconocer y aceptar tus miedos y celos, y a trabajar en ellos con sinceridad y respeto por ti mismo. Es un momento propicio para el perdón y el agradecimiento, para soltar lo que ya no te sirve y abrazar un equilibrio emocional y espiritual. No tengas miedo de ser vulnerable; permite que tu corazón se abra y que tu auténtica naturaleza brille.

Practica la alegría y la espontaneidad. Permítete ser un amigo y compañero leal, y busca en tus interacciones diarias formas de expresar amor verdadero y profundo. La energía del Perro Blanco te ofrece la fuerza y la guía para ser un protector y líder en tu comunidad, aprovecha esta oportunidad para servir y defender lo que consideras justo.

El día del Perro Blanco también te brinda la posibilidad de conectar con dimensiones superiores y abrir nuevos caminos en tu vida espiritual. Medita, reflexiona, y busca en tu interior la sabiduría y la paz que te permitan trascender lo cotidiano. La armonía y el amor incondicional son tuyos para experimentar y compartir.

Recuerda que en el interior de cada uno de nosotros alberga la energía del Perro Blanco. Aprovecha este día para sintonizarte con esa esencia, para vivir con valentía y honestidad, y para ser un ejemplo de amor y lealtad en tu vida y en la de los demás.

EL MONO AZUL

**BASE ORÁCULO
QUINTA FUERZA**

Antípoda Destino Análogo

Oculto

Nombre Maya: CHUEN
Código: 11
Nota Musical: Do
Dirección: Oeste
Planeta: Venus
Chacra: Laríngeo
Miembro: Dedo índice Mano Izquierda
Arquetipo: El Ilusionista
Señor del Juego, El Alquimista Azul
Acción: Jugar
Esencia: Ilusión
Poder: Magia

Raza: Azul - Transformar

Familia: Cardinal

Clan: Verdad

Célula: Proceso

DESCRIPCION DEL SELLO SOLAR

El Sello Solar del Mono Azul representa la magia, la cual se entiende como el poder de transformar la realidad. Este Sello nos invita a redescubrir la alegría, la risa y la espontaneidad de nuestro niño interior, y a adoptar una visión mágica de la vida llena de fantasía e imaginación. El Mono Azul no es solo un símbolo, sino también un llamado a la acción, un estímulo para que cada uno de nosotros se despierte ante las posibilidades ilimitadas que ofrece la vida. Nos desafía a jugar, a soñar, a crear y a ser los magos y alquimistas de nuestra propia existencia

La Acción de Jugar.

El Mono Azul nos entrega la acción de jugar. Sin embargo este no es un juego superficial, sino una representación del movimiento vital y la flexibilidad que caracterizan la existencia humana. Jugar simboliza una abertura hacia la curiosidad, la investigación y, sobre todo, la diversión. Al adoptar la acción de jugar, el Mono Azul invita a romper estructuras y a liberar la espontaneidad y la alegría innatas en todos nosotros. Es la manifestación de nuestro niño interior, un estado de inocencia y sinceridad donde la vida se experimenta en su forma más pura.

En el ámbito del Mono Azul, jugar es más que una simple actividad; es una profunda expresión de la vitalidad humana, un acto consciente que nos conecta con la esencia misma de la existencia. A través del juego, nos volvemos flexibles, abiertos a nuevas experiencias y capaces de adaptarnos con soltura a las circunstancias cambiantes que nos rodean.

Esta flexibilidad no es meramente física, sino también mental y emocional. Jugar es una invitación a abrir nuestras mentes a la curiosidad y a sumergirnos en la exploración del mundo que nos rodea con una actitud de asombro y admiración. Esta mentalidad de juego también nos lleva al terreno de la diversión, que es quizás la manifestación más directa y evidente de la acción de jugar. La diversión se convierte, de esta manera, en un vehículo para el aprendizaje y el crecimiento, no en un fin en sí mismo.

La acción de jugar trasciende las limitaciones y estructuras que la sociedad y, en muchos casos, nosotros mismos nos hemos impuesto. Es un acto de rebeldía constructiva, una forma de desafiar las normas y reglas que han sido establecidas para contener la exuberancia de la vida. Al adoptar la acción de jugar, el Mono Azul nos invita a romper estas estructuras limitantes y a liberar la energía espontánea y alegre que reside en cada uno de nosotros. Este juego liberador también nos conecta con una parte de nosotros que a menudo se descuida o se olvida: nuestro niño interior. En este espacio de juego, surge un estado de inocencia y sinceridad desprovisto de pretensión o artificio, permitiendo que la vida se experimente en su forma más pura y abundante.

La Esencia de la Ilusión.

La esencia del Mono Azul es la Ilusión. La Ilusión no se refiere a una fantasía vacía, sino a una visión mágica y transformadora de la vida que nos permite soñar y concebir lo inimaginable. Esta visión mágica de la vida es un lienzo en blanco lleno de posibilidades y oportunidades para manifestar nuestra creatividad e imaginación. Es la capacidad para ver más allá de la realidad inmediata, hacia un mundo más profundo, psíquico y espiritual, lleno de magia y misterio.

Anidada en la Ilusión, la curiosidad se convierte en una fuerza vital que alimenta nuestra necesidad inherente de explorar y descubrir. Esta curiosidad activa la imaginación y nos permite soñar con mundos que aún no existen pero que podrían llegar a ser. Se convierte en la fuerza impulsora que nos lleva a cuestionar, a indagar y a explorar nuevas perspectivas. Y es precisamente esta curiosidad la que nos convierte en los investigadores de nuestra vida, dispuestos a adentrarnos en los terrenos desconocidos de la existencia con una mente abierta y un corazón dispuesto.

Pero esta ilusión no es simplemente un constructo mental sin base en la realidad; es más bien una lente perceptiva que agudiza nuestra visión del mundo. Nos proporciona una especie de "lentes mágicos" que nos permiten percibir un mundo psíquico y espiritual, lleno de misterio y significado. En esta dimensión, no somos meros observadores pasivos de la realidad. Nos convertimos en artistas capaces de esculpir nuestro entorno, alquimistas que transforman lo ordinario en extraordinario y sabios que aplican un conocimiento ancestral y primordial.

La ilusión del Mono Azul es mucho más que una mera fantasía o un sueño irrealizable. Es un catalizador poderoso que nos empodera para transformar la realidad de formas que ni siquiera hemos imaginado. Nos permite romper las cadenas de lo ordinario y alcanzar un nivel de existencia mucho más rico y significativo. Nos anima a ser co-creadores de nuestra vida, utilizando nuestra creatividad, imaginación y, sobre todo, nuestro don innato para reconocer y celebrar la magia que se encuentra en cada momento de la vida.

El Poder de la Magia.

El poder del Mono Azul es la magia, un concepto que en este contexto abarca mucho más que simples trucos o ilusiones. Es la habilidad de transformar la realidad mediante la fuerza de nuestra intención y visión. Este poder se alimenta de nuestra abundancia de energía, inteligencia y goce, permitiéndonos actuar como científicos de la vida y artistas de los números.

Este concepto de magia es tanto una ciencia como un arte. Se basa en las matemáticas espirituales de la existencia, un sistema conceptual que interpreta al universo como una estructura compuesta de patrones, relaciones y secuencias numéricas que tienen implicaciones espirituales. Estas matemáticas espirituales ofrecen un marco que nos permite no solo entender sino también interactuar con las fuerzas cósmicas y terrenales que influyen en nuestras vidas. Mediante el estudio y la aplicación de estos principios, tenemos la posibilidad de acceder a una fuente de poder que influye en la evolución de la vida humana de maneras tanto sutiles como profundas.

Lo más impresionante de la magia del Mono Azul es su imprevisibilidad creativa. A diferencia de las ciencias exactas, donde la causa y el efecto se pueden predecir con precisión, la magia reserva un espacio para el misterio y el asombro. Sin embargo, esta incertidumbre no disminuye su eficacia; por el contrario, añade una dimensión de libertad y posibilidad que hace que cada acto mágico sea único e irrepetible. Aquí radica una de las verdaderas bellezas de la magia: la capacidad de sorprendernos, de abrirnos a nuevas experiencias y percepciones que enriquecen nuestro entendimiento y aprecio por la vida.

La magia del Mono Azul es, en definitiva, un llamado a la plenitud de la existencia. Nos invita a ejercer nuestro poder personal para influir en nuestra realidad de una manera que no solo sea beneficiosa para nosotros mismos, sino también, para la comunidad y el mundo en general. Nos insta a emplear nuestra creatividad y nuestro ingenio para trascender las limitaciones aparentes de nuestro entorno y forjar un mundo más justo, bello y significativo.

EL MONO AZUL EN LAS PERSONAS DESPIERTAS

Las personas que nacen bajo la energía del Mono Azul y logran sintonizarse con ella para despertarla, son seres profundamente creativos e intuitivos. Están caracterizados por una conexión mágica con la vida y una habilidad única para transformar la realidad. Su naturaleza juguetona les permite ver el mundo a través de ojos llenos de maravilla, alegría, y asombro.

Cuando están despiertos, muestran a una actitud lúdica hacia la vida. En este sentido, los Monos despiertos no consideran la vida como una serie de tareas y responsabilidades rígidas, sino como un juego mágico y extraordinario lleno de posibilidades. La alegría y la espontaneidad son centrales en su día a día, y esto a menudo inspira a otros a mirar la vida con una nueva perspectiva.

Las personas que incorporan conscientemente la energía del Mono Azul en sus vidas, son innovadoras y curiosas, siempre listas para explorar y experimentar sin restricciones. Su mentalidad abierta les permite aceptar el cambio como una parte vital y enriquecedora de su vida. En su esencia, encuentran una fuente inagotable y dinámica de energía que les permite explorar, crear e innovar constantemente en su realidad. No se limitan a los confines rígidos de la lógica o la estructura; en cambio, consiguen establecer una bella conexión entre lo científico con lo creativo.

Cuando se sintonizan con la energía del Mono Azul, también actúan como alquimistas de su propia realidad, conscientes de su habilidad para influir en su entorno con su intención y voluntad. La diversión, la curiosidad, y la inteligencia creativa son vitales en su forma de llevar la vida, y su genuino compromiso con la flexibilidad y la libertad en sus acciones es una fuerza transformadora en su existencia.

Los Monos Azules despiertos son, en definitiva, seres juguetones y creativos, dotados de una habilidad para transformar su realidad y participar en la creación de un mundo con mayor alegría, libertad y magia consciente. Son verdaderos innovadores, maestros de la imaginación y portadores de un compromiso inquebrantable tanto con su crecimiento personal como con la evolución de la consciencia colectiva.

EL MONO AZUL EN LAS PERSONAS DORMIDAS

Las personas nacidas bajo la energía del Mono Azul, pero que no logran sintonizarse con ella, suelen sentirse desconectadas de su fuerza interior y pueden enfrentarse a la vida con una visión más rígida y convencional. En lugar de abrazar la creatividad y el asombro, suelen adherirse a patrones de pensamiento y acción más tradicionales y predecibles.

Los Monos Azules no sintonizados también suelen mostrar una falta de confianza en su capacidad para influir en su realidad. En lugar de vivir la vida con alegría y espontaneidad, pueden percibir la vida como una serie de tareas y responsabilidades rígidas, y a menudo les falta la inspiración.

Además, cuando están dormidos, a menudo son reticentes a explorar nuevas perspectivas y oportunidades. Esta falta de apertura y curiosidad les impide conectarse con el flujo dinámico de la vida, y tienden a quedarse atrapados en la rutina, sin la energía ni la motivación para buscar el crecimiento y la innovación. El entusiasmo y la imaginación, que deberían actuar como catalizadores naturales para el cambio, suelen estar ausentes o reducidos, limitando su potencial para la transformación personal y colectiva.

Cuando no logran sintonizarse con la energía del Mono Azul, también suelen perder esa conexión con la esencia lúdica y mágica. La diversión, la curiosidad y la inteligencia creativa se ven transformadas en un sentido distorsionado del humor. Lo que podría ser una expresión de alegría y espontaneidad puede convertirse en bromas ásperas y humor negro. En lugar de actuar como maestros de la imaginación, inspirando a otros con su creatividad y visión mágica, pueden terminar siendo percibidos como bufones o meros centros de atención, actuando más por la reacción de los demás que por una genuina expresión de su auténtica naturaleza lúdica y creativa.

En este sentido, cuando están dormidos, suelen vivir una existencia más limitada y no logran transformar su realidad en dirección a de crear un mundo con mayor alegría, libertad y magia consciente.

QUE HACER EN EL DÍA DEL MONO AZUL

En el día del Mono Azul, vive con alegría, creatividad, y una mente abierta a las posibilidades infinitas que te rodean. Esta energía representa la esencia lúdica, la curiosidad insaciable y la capacidad de ver el mundo a través de ojos llenos de maravilla y asombro. No te limites a las restricciones de la lógica convencional; en cambio, permítete explorar, experimentar, y aceptar el cambio como una fuerza vital y enriquecedora en tu vida.

El día del Mono Azul es una invitación a conectar con tu niño interior, ese ser que no teme jugar, soñar, y ver la magia en lo cotidiano. La energía de este día te anima a romper con las rutinas rígidas y a ver la vida como un juego mágico lleno de sorpresas y descubrimientos. Si te sientes atrapado o limitado, este es el momento de reavivar tu imaginación y creatividad. Experimenta con nuevas ideas, busca inspiración en lugares inesperados, y no temas ser diferente o abrazar enfoques que desafíen los principios científicos o matemáticos convencionales.

Además, este día es un buen momento para recordar que la diversión y la curiosidad son fuerzas transformadoras. La risa y el humor no son meros entretenimientos; son herramientas poderosas para cambiar tu perspectiva, sanar, y crear conexiones más profundas con los demás. Pero cuidado con caer en las bromas ásperas o humor malintencionado. En cambio, busca formas genuinas y lúdicas de expresarte, inspirando a los demás con tu visión mágica y auténtica.

Recuerda que el Mono Azul te llama a ir más allá, a descubrir y a inventar. Este es un día para ser audaz, para explorar sin restricciones, y para permitirte ser un verdadero innovador, tanto en el ámbito de las ciencias como en el de las artes.

En el día del Mono Azul, en definitiva, puedes celebrar la libertad, la alegría y la magia consciente que reside en ti. Reconoce y abraza tu capacidad para transformar la realidad y contribuir a un mundo lleno de creatividad y amor. Recuerda, cada día es una oportunidad para despertar, jugar y crear. Haz del día del Mono Azul un reflejo vibrante de tu auténtico ser creativo.

EL HUMANO AMARILLO

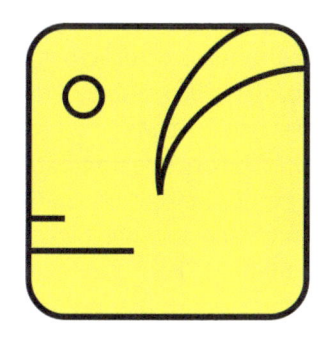

BASE ORÁCULO
QUINTA FUERZA

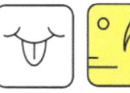

Antípoda   Destino   Análogo

Oculto

Nombre Maya: EB
Código: 12
Nota Musical: Re
Dirección: Sur
Planeta: Tierra
Chacra: Corazón
Miembro: Dedo mayor mano izquierda
Arquetipo: El Sabio
Gobernador, Juez Prudente
Acción: Influenciar
Esencia: Sabiduría
Poder: Libre Voluntad

Raza: Amarilla - Madurar

Familia: Central

Clan: Verdad

Célula de Tiempo: Proceso

DESCRIPCION DEL SELLO SOLAR

El Sello Solar del Humano Amarillo simboliza la esencia profunda de lo que significa ser un ser humano, abarcando la complejidad y plenitud del humano en su incesante búsqueda de conocimiento, verdad y armonía. Este Sello no solo abarca el conocimiento y la información que subyacen a nuestra verdadera naturaleza; también ilumina el significado intrínseco de ser un ser humano en este planeta. Pone de relieve nuestra singular capacidad para la autocomprensión y establece una conexión con el entorno más amplio que nos rodea.

La Acción de Influenciar.

El Humano Amarillo nos entrega la acción de influenciar, la cual va más allá del mero impacto sobre los demás. Este acto de influencia se convierte en una responsabilidad ética, imbuida de respeto hacia uno mismo y hacia los demás, así como de una profunda conexión con el mundo en general. No es meramente un ejercicio de poder o autoridad; es un compromiso deliberado con el desarrollo humano y la elevación del bienestar colectivo.

Cuando el Humano Amarillo opta por influir, lo hace desde un centro de paz y equilibrio internos. Esta paz no es pasiva, sino construida activamente a través de un entendimiento profundo de sí mismo y del entorno, una comprensión que solo se puede alcanzar con la experiencia acumulada. La armonía emerge de un estado de bienestar emocional y mental, lo cual confiere a la acción de influenciar un nivel de autenticidad y sinceridad que resuena profundamente en quienes se encuentran en su órbita de influencia.

Compartir es un pilar en este proceso. El Humano Amarillo aspira no solo a transmitir su propia visión, sino también a absorber las perspectivas de los demás, en un intercambio recíproco de experiencias y saberes. En este sentido, la acción de influir es inherente a la colaboración. No se trata de dictar o prescribir, sino de facilitar un espacio en el que se promueva el crecimiento mutuo y la autodeterminación. A través de la generosidad y el reconocimiento, el Humano Amarillo establece relaciones que son más alianzas colaborativas que jerarquías rígidas.

La riqueza de este acto de influencia es, en efecto, bidireccional, lo que significa que tanto el Humano Amarillo como aquellos que son influenciados se enriquecen mutuamente en esta interacción. Cada encuentro se convierte en una oportunidad de aprendizaje y evolución, lo que genera un flujo constante de energía positiva y da lugar a un ciclo perpetuo de crecimiento y mejoramiento para todas las partes involucradas. Es un camino de compromiso recíproco hacia un objetivo más elevado: la cocreación de un mundo lleno de verdad, respeto y plenitud.

La Esencia de la Sabiduría.

La esencia del Humano Amarillo es la sabiduría. Sin embargo, esta sabiduría no se limita solo a conocimiento acumulado o la inteligencia en un sentido convencional. Más bien, abarca una comprensión profunda de la vida, la existencia y la conexión espiritual inherente. Esta forma de sabiduría se refleja en la habilidad para ver más allá de lo superficial, en el reconocimiento de verdades universales y en la continua búsqueda de la plenitud personal y colectiva. También incluye el reconocimiento del valor de la maduración personal, lograda a través de la experiencia y la reflexión constante.

La sabiduría del Humano Amarillo es flexible y en constante evolución, alejándose de ser estática o rígida. Se traduce en un flujo constante de aprendizaje que trasciende la acumulación de datos. Consiste en un ejercicio consciente de filtrar, interpretar y aplicar información de forma que sea enriquecedora y transformadora para uno mismo y para los demás.

El Sello Solar del Humano Amarillo también se puede asociar con el concepto de la piedra filosofal. Este símbolo alquímico que sirve para convertir el plomo en oro ilustra cómo el Humano Amarillo transforma las experiencias y el conocimiento, mediante un proceso de reflexión e interiorización, convirtiéndolos en sabiduría. En este contexto, la inteligencia y la receptividad actúan como catalizadores en la alquimia del desarrollo humano.

La sabiduría del Humano Amarillo no se basa solo en un razonamiento más avanzado, sino en la adopción de una visión panorámica que trasciende las limitaciones inmediatas. Este tipo de pensamiento permite que el Humano Amarillo actúe no solo como un individuo sino como un miembro integrante de un sistema más amplio, contribuyendo al progreso de la humanidad en general.

En definitiva, la esencia de la sabiduría del Humano Amarillo se deriva de una sinergia de madurez, experiencia, receptividad e inteligencia en un proceso de aprender, desaprender y reaprender, en un ciclo sin fin que facilita la evolución no solo del individuo sino también de la comunidad en la que se encuentra.

El Poder de la Libre Voluntad.

El Poder del Humano Amarillo es la Libre Voluntad. Sin embargo, esta no se limita a la elección entre diferentes caminos o decisiones, sino que representa una profunda manifestación de nuestra humanidad, al unir la inteligencia, el conocimiento y la consciencia en un acto de autodeterminación. La libre voluntad del Humano Amarillo es el ejercicio de la responsabilidad personal, la capacidad de trazar nuestro propio destino y de actuar en armonía con nuestros valores y principios más profundos. Está vinculada con la madurez emocional y la capacidad de actuar con integridad y respeto hacia nosotros mismos y hacia los demás. En su máxima expresión, la libre voluntad del Humano Amarillo es un cáliz vacío, listo para ser llenado con nuestras elecciones y acciones, que convierten nuestras intenciones en realidades concretas.

Este poder no es simplemente una prerrogativa para actuar impulsivamente o sin restricciones; se trata más bien de una facultad divina que se manifiesta mejor cuando está guiada por la consciencia y la elección deliberada. En otras palabras, la libre voluntad es el ejercicio de la autonomía personal, pero siempre en el contexto de una comprensión más amplia de la responsabilidad y las consecuencias que esta autonomía conlleva.

La libre voluntad, en este sentido, se convierte en un acto de voluntad consciente que está perpetuamente guiado por una sensación de generosidad y gratitud hacia la vida misma. Es un reconocimiento de la abundancia inherente que la existencia ofrece, ya sea en términos de oportunidades, relaciones, recursos o incluso desafíos que fomentan el crecimiento personal.

La capacidad para elegir, para decidir entre diversas posibilidades, es quizás la manifestación más pura de este poder. A través de estas elecciones conscientes, el Humano Amarillo llega a su plenitud, ejerciendo su creatividad y liderazgo en una variedad de formas. Estas decisiones no son hechas en el vacío; están influenciadas y nutridas por una matriz de emociones, intuiciones y reflexiones que convierten el acto de elegir en una manifestación compleja y rica del ser humano.

EL HUMANO AMARILLA EN LAS PERSONAS DESPIERTAS

Las personas que nacen bajo la energía del Humano Amarillo y logran sintonizarse con ella para despertarla son personas profundamente comprensivas y conectadas; son verdaderos emisarios de la sabiduría y de la conciencia. Cuando están despiertos, no se limitan a ejercer una inteligencia convencional, sino que muestran una comprensión espiritual de la vida, la existencia y la conexión con el universo.

Estas personas también poseen una influencia innata que trasciende el dominio o control sobre los demás. Son guías, líderes, consejeros y colaboradores. En su mundo, esta fuerza se manifiesta a través de la sabiduría acumulada y el conocimiento profundo sobre la naturaleza humana.

Además, el Humano Amarillo cuando está despierto, suele exhibir una notable capacidad de conectarse con sus emociones y las de los demás. No solamente reconoce y gestiona sus propias emociones, sino que también comprende y se sintoniza con las emociones de quienes le rodean. Esta conexión emocional lo lleva a vivir una vida plena y abundante, en la cual no hay lugar para el juicio o la restricción.

Los Humanos Amarillos que están sintonizados también son muy receptivos y abiertos a nuevas ideas y experiencias, y su naturaleza curiosa les impulsa hacia un continuo flujo de aprendizaje y crecimiento. No se conforman con la sabiduría convencional ni con la complacencia; buscan activamente nuevas perspectivas y verdades más profundas. Cuando están despiertos, su camino es uno de autodescubrimiento, introspección, y expansión espiritual, llevando la comprensión de sí mismos y del mundo a nuevas alturas.

Los Humanos Amarillos son personas que, en definitiva, son responsables, generosos y empáticos. Son conscientes de su papel en el mundo, y lo aceptan con dignidad, mostrando una profunda comprensión de lo que significa ser una persona íntegra y alineada con su propósito. Viven su vida con autenticidad, forjando conexiones significativas con los demás y actuando siempre con empatía y amor.

EL HUMANO AMARILLA EN LAS PERSONAS DORMIDAS

Las personas que nacen bajo la energía del Humano Amarillo, pero que permanecen dormidas debido a que no logran sintonizarse con ella, son individuos que suelen estar desconectados de su ser interior y del mundo que les rodea. Suelen enfocarse en la superficialidad, y acostumbran aferrarse a conocimientos limitados y objetivos.

En lugar de reconocer y gestionar sus emociones con consciencia y responsabilidad, los Humanos Amarillos dormidos acostumbran a suprimir o ignorar sus sentimientos. Esto puede llevarlos a experimentar una vida menos plena y a relaciones superficiales. Su desconexión emocional también puede manifestarse en una falta de empatía hacia los demás, limitando su capacidad para comprender y conectar con las experiencias y necesidades ajenas.

Los Humanos Amarillos dormidos también suelen ser menos receptivos y abiertos a nuevas ideas. En general, suelen estar cerrados a nuevas perspectivas y a menudo se aferran a creencias y prácticas obsoletas. Esta resistencia al cambio suele limitarlos en su crecimiento personal y en su capacidad para adaptarse a su entorno.

En términos de influencia y liderazgo, los Humanos Amarillos dormidos también pueden mostrar una gran deficiencia. En lugar de guiar y colaborar con respeto y responsabilidad, suelen buscar dominar y controlar a los demás. Su influencia se basa en el poder y la autoridad en lugar de la sabiduría y el conocimiento profundo, la cual a menudo la ejerce sin tener en cuenta el bienestar o las opiniones de los demás.

Otra característica que suele manifestarse en los Humanos Amarillos dormidos es la falta de autenticidad. Debido a su desconexión con su ser más profundo y sus emociones, tienden a vivir de manera incongruente con sus verdaderos valores y deseos. Esto puede resultar en un sentimiento constante de insatisfacción y vacío interior, pues su vida carece del sentido y propósito que podría ofrecer una conexión más profunda con su energía natal.

QUE HACER EN EL DIA DEL HUMANO AMARILLO

En el día del Humano Amarillo, vive con consciencia, buscando una conexión genuina con tu ser interior y el universo que te rodea. Esta energía nos invita a despertar hacia una comprensión más profunda de nosotros mismos y del mundo, llevándonos más allá de la superficialidad y los conocimientos limitados. Es un día para reconocer, sentir y gestionar nuestras emociones, permitiéndonos conectar con los demás en un nivel más significativo y profundo.

El día del Humano Amarillo es una invitación a abrir nuestra mente y corazón a nuevas ideas y experiencias. Este día es un llamado a romper con viejas creencias y prácticas obsoletas, y a embarcarnos en el camino del aprendizaje y crecimiento continuo. La flexibilidad y la apertura son claves en este día.

Reflexionar sobre nuestra influencia y liderazgo también es crucial en el día del Humano Amarillo. Preguntémonos si estamos guiando y colaborando con respeto y responsabilidad, o si estamos cayendo en la tentación de dominar y controlar a los demás. La energía del Humano Amarillo nos impulsa a liderar con sabiduría y conocimiento profundo, siempre considerando el bienestar y la libertad de los demás.

Este día, también un recordatorio para reconocer que la sabiduría y la consciencia están siempre a nuestro alcance, esperando ser despertadas y aplicadas. Así, podemos dedicar un momento para reflexionar sobre dónde nos encontramos en nuestro viaje espiritual y determinar qué pasos podemos tomar para vivir con mayor integridad. La energía del Humano Amarillo está aquí para guiarnos, inspirarnos y apoyarnos en nuestro camino hacia una vida más consciente y plena.

Finalmente, vivamos este día con autenticidad, empatía y propósito. Aspiremos a crear una realidad de paz y armonía en nuestras vidas y relaciones, aprovechando la fuerza e inspiración que la energía del Humano Amarillo nos ofrece. Esta energía nos guiará en nuestro viaje y nos proporcionará todo lo necesario para vivir una vida plena y abundante, llena de comprensión, amor y conexión genuina, si nos permitimos abrirnos a ella.

EL CAMINANTE DEL CIELO ROJO

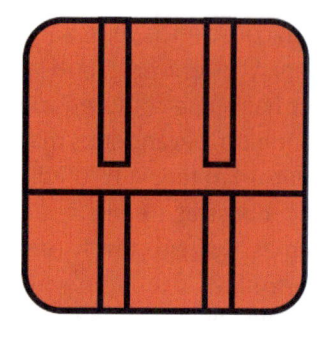

BASE ORÁCULO QUINTA FUERZA

Antípoda Destino Análogo

Oculto

Nombre Maya: BEN
Código: 13
Nota Musical: Mi
Dirección: Este
Planeta: Marte
Chacra: Plexo Solar
Dedo: Anular Mano Izquierda
Arquetipo: El Profeta
Renovador de la Cultura
Acción: Explorar
Esencia: Vigilancia
Poder: Espacio

Raza: Roja - Iniciar

Familia: Señal

Clan: Verdad

Célula: Salida

DESCRIPCION DEL SELLO SOLAR

El Sello Solar del Caminante del Cielo Rojo representa a la unión entre el cielo y la tierra, al tejido que une y equilibra la totalidad de la existencia. Esta energía encarna la intersección del conocimiento terrenal con la consciencia superior, evocando así la fusión del espíritu con el cosmos. Es un símbolo que nos invita a abrazar la expansión y la apertura mientras mantenemos un equilibrio entre la materia y el espíritu. En esencia, este sello actúa como un mapa cósmico para la exploración en todas sus dimensiones, que nos guía hacia la plenitud y la iluminación.

La Acción de Explorar.

El Caminante del Cielo Rojo nos entrega la acción de explorar. Esta acción va más allá de un mero instinto de aventura o la fascinación por lo desconocido; actúa como el motor impulsor que establece el ritmo y la dirección del viaje. Es como si todo el universo fuera una extensión de su ser, un campo inexplorado de posibilidades que está destinado a descubrir y comprender.

Explorar no se limita a la acción de recorrer espacios físicos, aunque eso también está incluido; simboliza una sed de conocimiento y una curiosidad insaciable que no conoce fronteras. El Caminante del Cielo Rojo está en una búsqueda constante, no solo para entender el mundo exterior, sino también para comprender las profundidades de su propia psique y espíritu. La mente abierta es una herramienta esencial en esta exploración. Esta mentalidad aporta flexibilidad y adaptabilidad, permitiendo que el Caminante del Cielo acepte múltiples perspectivas y realidades, incluso aquellas que desafían las convenciones sociales y las creencias preestablecidas.

La curiosidad es otro pilar en este viaje de exploración. Es la chispa que enciende la pasión por descifrar los misterios del mundo y de uno mismo. Acompañado de un deseo intrínseco de crear nuevas realidades, la curiosidad se convierte en la luz que guía al Caminante del Cielo Rojo a través de la oscuridad de lo desconocido hacia la iluminación. Esta curiosidad es tan poderosa que elimina cualquier sombra de miedo a lo desconocido. Aquí es donde el Caminante se convierte en un aventurero en el sentido más auténtico, valiente y resuelto, ávido por descubrir lo que yace más allá del horizonte visible.

Ser un buscador implica estar siempre en movimiento, siempre cambiante, siempre dispuesto a adaptarse y crecer. Este no es un viaje para los débiles de corazón; es una odisea que exige resiliencia, audacia y una pasión inquebrantable por el autodescubrimiento. De esta manera, el Caminante del Cielo se convierte en un viajero del tiempo en su propia vida, capaz de mirar hacia el pasado para entender el presente y de proyectar ese conocimiento hacia el futuro.

La Esencia de la Vigilancia.

La esencia del Caminante del Cielo Rojo es la vigilancia, la cual va más allá de simplemente el acto de observar cuidadosamente, sino que representa un nivel más alto y profundo de conciencia. Aquí, la vigilancia se convierte en un estado de consciencia que permite una inmersión total en el momento presente, en cada suspiro, en cada palpitar. Es una conexión consciente y sostenida tanto con el mundo exterior como con el mundo interior, logrando una especie de equilibrio dinámico que finalmente es lo que une al cielo y la tierra, a la materia y al espíritu.

En la vigilancia, la percepción se afina hasta alcanzar una resolución casi divina, haciendo posible a la persona captar detalles y sutilezas que de otro modo pasarían desapercibidas. Esta vigilancia elevada activa una especie de radar interno que puede sintonizarse tanto con la vibración de la alegría como con la frecuencia de la tristeza, tanto con el ruido del mundo material como con el silencio del universo espiritual. Así, se convierte en una forma de respeto hacia todo lo que se encuentra en la periferia y en el centro de nuestra existencia, incluyendo al prójimo y, lo más importante, a uno mismo.

Esta esencia de la vigilancia no solo hace del Caminante del Cielo Rojo un observador atento sino que también lo eleva a convertirse en el Profeta. Opera desde un lugar de compasión profunda, entendiendo que cada momento, cada interacción, cada pensamiento es una oportunidad para transmitir amor, paz y comprensión. El Caminante del Cielo Rojo, en su estado de vigilancia, actúa como un canal a través del cual fluyen las energías más puras y elevadas, estableciendo una conexión divina entre lo terrenal y lo celestial.

A través de esta forma elevada de conciencia, el Caminante puede alcanzar estados más elevados de existencia, y puede facilitar la ascensión espiritual no solo de sí mismo sino también de toda la comunidad. En definitiva, la vigilancia no es solo una cualidad que el Caminante del Cielo Rojo posee, sino también una misión de vida, un compromiso con una forma de ser que se centra en la plenitud, la comprensión y el amor eterno.

El Poder del Espacio.

El poder del Caminante del Cielo Rojo es el espacio, el cual va más allá del espacio físico que uno puede tocar o ver; es un dominio mucho más extenso que también abarca las dimensiones espirituales, emocionales y cognitivas. Este poder del espacio es lo que permite una expansión constante, tanto interna como externa, y la apertura de caminos que podrían parecer inaccesibles para el observador común. En este vasto espacio, el Caminante del Cielo Rojo tiene la libertad de gozar y disfrutar, y de experimentar la plenitud que viene con la liberación de las restricciones autoimpuestas o sociales.

El dominio del espacio trae consigo la capacidad de transitar entre diversas realidades. No solo es un maestro en la manipulación del entorno físico, sino que también es un viajero del tiempo, capaz de navegar por diferentes dimensiones y temporalidades. Este poder permite al Caminante realizar saltos dimensionales, en los cuales las barreras del tiempo y del espacio se desvanecen y abren paso a estados más elevados de consciencia y ascensión espiritual. En este sentido, el espacio se convierte en algo más que una dimensión física; es una espiral de información, un vórtice de posibilidades infinitas donde la única limitación es la imaginación del individuo.

Este poder del espacio también posibilita una variedad de experiencias. En este sentido, el Caminante del Cielo Rojo tiene la capacidad de redefinir la realidad, de construir nuevas narrativas que van más allá de las tradiciones y convenciones aceptadas. Es en este espacio expansivo donde uno puede romper las cadenas del pasado y forjar una nueva historia que resuene con las frecuencias más altas de amor, compasión y comprensión.

El espacio, en su multiplicidad de formas y manifestaciones, se convierte en el telón de fondo sobre el cual el Caminante del Cielo Rojo pinta su propia obra maestra de vida. Al ejercer su poder sobre el espacio, el Caminante no solo se libera a sí mismo sino que también abre caminos para que otros encuentren su propia libertad y alcancen su propia plenitud, transformando todo aquello que encuentra en su camino.

EL CAMINANTE DEL CIELO EN LAS PERSONAS DESPIERTAS

Las personas que nacen bajo la energía del Caminante del Cielo Rojo y logran sintonizarse con ella para despertarla son, ante todo, exploradoras de la existencia. Sienten una pasión insaciable por descubrir lo desconocido, y no temen desafiar los límites del saber y del ser. Son observadoras perspicaces, prestan atención a las sutilezas y señales del universo, con una mente abierta y receptiva a todas las posibilidades. Además, poseen una gran resiliencia, por lo que son capaces de crear sus propias realidades, incluso en las circunstancias más desafiantes.

Con una profunda conexión con las dimensiones espirituales, los Caminantes del Cielo Rojo despiertos a menudo trascienden el miedo común a la muerte. Entienden la muerte no como un final, sino como una transición hacia otra forma de existencia. Esta comprensión les permite vivir con mayor audacia y propósito, liberados del temor que a menudo paraliza.

Un Caminante del Cielo Rojo despierto extiende su espíritu más allá de la exploración física y logra adentrarse en el vasto universo de la consciencia y la espiritualidad. Estas personas no se complacen con entender el mundo a través de sus cinco sentidos, sino que buscan constantemente el conocimiento oculto, la sabiduría etérea que se encuentra más allá del alcance de la percepción ordinaria.

La búsqueda de equilibrio es también un tema recurrente en la vida de los Caminantes del Cielo despiertos. En este sentido, cuando están en sintonía, logran desarrollar una habilidad innata para equilibrar lo material y lo espiritual. Son capaces de mantener los pies en la tierra mientras su consciencia se eleva hacia las alturas del cosmos. Esta habilidad para vivir en el aquí y ahora mientras exploran las dimensiones más elevadas les otorga un bienestar holístico, permitiéndoles disfrutar de una vida plena.

Los Caminantes del Cielo despiertos son, en definitiva, seres alegres, llenos de amor y gozo. Viven la vida con un sentido de diversión y disfrute, buscando el placer y la risa en la exploración y la expansión. Tienen un profundo respeto por ellos mismos y por los demás, y buscan la plenitud en todas sus experiencias.

EL CAMINANTE DEL CIELO EN LAS PERSONAS DORMIDAS

Las personas que nacen bajo la energía del Caminante del Cielo Rojo, pero que se encuentran dormidas debido a que no logran sintonizarse con ella, muestran una perspectiva de la vida más cautelosa y limitada. A pesar de poseer la capacidad innata para explorar y descubrir, suelen encontrarse atrapados en su zona de confort, sin ánimo de aventurarse más allá de lo conocido. La vigilancia aguda que caracteriza a los Caminantes del Cielo Rojos se apaga, y suelen pasar por alto las señales y oportunidades que el universo les presenta.

En lugar de enfrentar los límites de su comprensión y experiencia, tienden a adoptar una actitud más pasiva o complaciente hacia el aprendizaje y el crecimiento. El viaje a través del tiempo y el espacio, que de otro modo sería un viaje de autodescubrimiento y expansión, les resulta intimidante o inaccesible. Aunque la capacidad de crear su propia realidad se encuentra implícita en su interior, a menudo que no se sienten lo suficientemente valientes como para desencadenarla.

En su estado dormido, no logran conciliar el equilibrio entre lo material y lo espiritual. De hecho, suelen inclinarse excesivamente hacia lo material o hacia el extremo espiritual, ignorando que el camino del medio es el que optimiza su conexión con el espíritu y el cosmos. Esto frena su crecimiento personal y espiritual y limita la expansión de su consciencia.

Aunque tienen el potencial de actuar como grandes mensajeros, cuando están dormidos, carecen de la voluntad o el deseo de compartir o comunicar, y aún menos de emprender la búsqueda de la transformación y renovación. Por lo tanto, pueden pasar sus días en un estado de invisibilidad existencial, sin la consciencia necesaria para aprovechar su poder.

En definitiva, cuando no se encuentran en sintonía con su energía, los Caminantes del Cielo Rojo pierden la oportunidad de experimentar la alegría y el amor plenos. En lugar de ello, suelen caer en un estado de apatía o insatisfacción. La diversión y el disfrute les resultan efímeros o inalcanzables, y la búsqueda de la plenitud se torna eclipsada por el miedo o la incertidumbre.

QUE HACER EN UN DIA CAMINANTE DEL CIELO

En el día del Caminante del Cielo Rojo, moverte en sincronía con la energía de la exploración y la expansión del espacio es esencial. Este día es ideal para salir de tu zona de confort y embarcarte en nuevas aventuras.

Puedes comenzar haciendo un balance de tus deseos de crecimiento y evolución; la energía del Caminante del Cielo te invita a ampliar tus horizontes. Al igual que un caminante que busca nuevos caminos, este es el momento perfecto para buscar nuevas experiencias y alinees tus pasos con tus aspiraciones.

A medida que avanzas durante el día, practica la vigilancia. La esencia del Caminante del Cielo reside en ella. Medita, reflexiona y observa tu entorno, creando espacio para la introspección y la autopercepción. Con consciencia de tus emociones, deseos y potencial, encontrarás la capacidad de liberar tus miedos y encontrar el camino hacia la expansión personal. Además, puedes dedicar tiempo a la contemplación profunda. Haz una pausa y observa el mundo a tu alrededor con ojos curiosos. A medida que te sumerges en el presente, pregúntate qué oportunidades y señales te está ofreciendo la vida en este momento.

Este es también un excelente momento para conectar con tu potencial ilimitado. Siente que eres un viajero que lleva en sí mismo un vasto universo de posibilidades. El día del Caminante del Cielo Rojo es un recordatorio de que tienes el potencial para transformarte y crecer, siempre y cuando estés dispuesto a explorar y desafiar tus límites. Pero recuerda que disfrutar del viaje es crucial. Al igual que un caminante que se deleita con cada paso de su travesía, debes encontrar alegría en tu propio camino de crecimiento y exploración. Ten en cuenta que todo llegará a su tiempo.

Al culminar este día, no olvides expresar gratitud por lo que has experimentado y lo que vendrá. El Caminante del Cielo simboliza la libertad y la expansión. Agradece por las experiencias que has vivido y las que están por venir. Al cultivar la gratitud, fomentas una actitud de apertura que te permitirá atraer más crecimiento y evolución a tu vida.

EL MAGO BLANCO

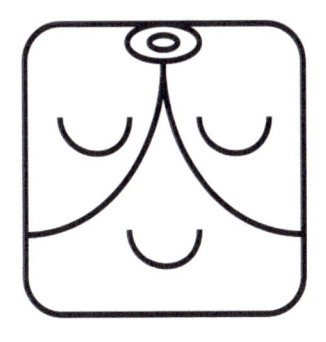

BASE ORÁCULO
QUINTA FUERZA

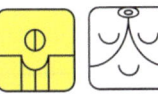

Antípoda   Destino   Análogo

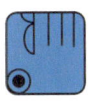

Oculto

Nombre Maya: IX
Código: 14
Nota Musical: Fa
Dirección: Norte
Planeta: Maldek (Cinturón de Asteroides)
Chacra: Raíz
Dedo: Meñique Mano Izquierda
Arquetipo: El Mago, El Portador de la Sabiduría, Conocedor de los Misterios
Acción: Encantar
Esencia: Receptividad
Poder: Atemporalidad

Raza: Blanca - Refinar

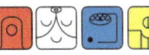

Familia: Portal

Clan: Verdad

Célula: Salida

DESCRIPCIÓN DEL SELLO SOLAR

El Sello Solar del Mago Blanco representa al chamán, simbolizando esa capacidad que todos poseemos para acceder al tiempo real, al momento presente, donde tanto el pasado como el futuro se unifican. Esta energía promueve la transformación y la intuición, así como la percepción y el acceso al eterno presente, convirtiéndose en una fuerza incansable en la búsqueda de la sabiduría y la sanación, y construyendo puentes entre la realidad y el misterio. Es el portador de la antorcha mágica que accede al tiempo real para transformar el aquí y ahora.

La Acción de Encantar.

El Mago Blanco nos entrega la acción de encantar. Pero este encanto va más allá de simples hechizos; es más bien una magia que surge de la humildad, el compromiso y la capacidad de crear. Se trata de la habilidad para influir en el mundo a través del poder creativo, mediante la utilización de sus encantos. Este encantamiento no consiste en manipulaciones superficiales, sino en capturar la esencia más íntima de cada ser, un reflejo de la capacidad mágica innata para influir en la realidad y en las personas a su alrededor. Encantar, en este contexto, es la habilidad de inspirar a otros, de hacer que las cosas sucedan, de convertir lo ordinario en extraordinario.

El encantamiento también se puede relacionar con el uso de las palabras exactas. En muchas tradiciones místicas, se cree que las palabras tienen un poder inherente para influir en la realidad. El Mago Blanco, consciente de este poder, elige sus palabras con precisión y cuidado, sabiendo que cada sílaba y cada tono pueden tener un impacto significativo en el mundo que lo rodea. No es solo lo que se dice, sino cómo se dice, lo que convierte al Mago Blanco en un maestro de la palabra.

En general, al Mago Blanco se le asocia con la magia, pero no con una magia basada en trucos o ilusiones, sino con una magia profunda y auténtica que nace de la humildad y la valentía. Esta magia es una fuerza poderosa que atrae todo lo bueno hacia él y hacia quienes lo rodean, actuando como un imán que conecta a las personas con las posibilidades más elevadas de su existencia.

En este sentido, a la acción del Mago Blanco también se le puede relacionar con el magnetismo, ya que sus habilidades son tan poderosas que pueden cambiar la percepción de la realidad de quienes entran en su espacio. No es solo una cuestión de carisma personal, sino de una especie de gravedad espiritual que atrae a las almas hacia un centro de claridad y propósito.

En definitiva, la acción de encantar es una fuerza que no solo afecta al Mago Blanco sino que le da las herramientas para transformar el mundo que lo rodea, creando nuevas posibilidades y cambiando percepciones en un acto de creación continua.

La Esencia de la Receptividad.

La esencia del Mago Blanco es la receptividad, una cualidad que va más allá de la simple apertura o disposición para recibir. Generalmente, asociamos la receptividad con la capacidad de captar sutilezas, con el flujo constante y dinámico de la percepción. En este contexto, la receptividad nos habla de la habilidad de estar en sintonía con nuestro entorno y percibir las sutilezas de la realidad. Asimismo, es la inspiración que impulsa la creatividad. Es reconocer que todos somos parte de un cosmos interconectado y que, en este tejido de relaciones, todos tenemos algo que ofrecer y algo que aprender. De esta manera, la receptividad se convierte en una vía de acceso al conocimiento profundo, a la sabiduría escondida y a la magia de cada momento.

La videncia y la adivinación son ejemplos de cómo estos aspectos de esta receptividad le permiten al Mago Blanco ver más allá de la superficie de las cosas. No se trata solo de predecir el futuro o de interpretar signos y símbolos; es una forma de percepción que penetra en las capas más profundas de la realidad. Esta visión le permite entender las conexiones ocultas entre eventos, personas y emociones, dándole una comprensión más completa del mundo que lo rodea.

La sensibilidad del Mago Blanco es otra de las formas en que aparece su esencia de receptividad. Esta sensibilidad no es una debilidad, sino una fortaleza que le permite ser un sanador y transformarse en un chamán. En este sentido, puede sentir las emociones y las energías de los demás como si fueran las suyas propias, lo que le da una comprensión única de cómo aliviar el sufrimiento y guiar a las personas hacia un estado de bienestar.

Por otra parte, también podemos relacionar la receptividad del Mago Blanco con su integridad y astucia. Su integridad proviene de un sentido de autoconocimiento y honestidad, lo que le permite ser verdadero en todas sus acciones y decisiones. La astucia, por otro lado, es una forma de inteligencia práctica que le permite adaptarse a cualquier situación. Estas cualidades hacen que el Mago Blanco sea un ser extremadamente adaptable, capaz de enfrentar todos desafíos con calma y claridad.

El Poder de la Atemporalidad.

El poder del Mago Blanco es la atemporalidad, un concepto que trasciende lo que conocemos como el tiempo lineal. Este principio rompe con la forma en que la mayoría de las personas experimentan y comprenden el tiempo. Mientras que la mayoría está atrapada en la linealidad del pasado, presente y futuro, el Mago Blanco vive en un eterno ahora, el cual trasciende estas categorías temporales impuestas por el tiempo mecanizado. Esta atemporalidad es una expansión de lo que verdaderamente significa el tiempo de 4ta dimensión como el factor de sincronización universal.

En este sentido, la atemporalidad le permite al Mago Blanco acceder al tiempo real, al tiempo natural. Este no es un tiempo medido por relojes o calendarios, sino una dimensión del tiempo vivido y experimentado en el momento presente. Esta forma de tiempo es más fluida y adaptable, permitiendo al Mago Blanco ser la representación viva de este concepto.

La atemporalidad también le confiere un tipo de poder interior al Mago Blanco, que es tanto misterioso como potente. Este poder no es de dominio sobre los demás, sino más bien una forma de maestría sobre sí mismo. Proviene de la comprensión profunda de las leyes del universo y de la habilidad para operar dentro de ellas de manera efectiva.

La naturaleza atemporal del Mago Blanco le permite vivir en un estado de constante renovación y posibilidad. No está limitado por los errores del pasado ni preocupado por las incertidumbres del futuro. Vive en un estado de perpetuo "ahora y aquí", lo que le permite responder a la vida con una frescura y una vitalidad que son verdaderamente asombrosas.

En definitiva, la atemporalidad del Mago Blanco es un poder que nos inspira a acceder al tiempo natural, a vivir el momento presente y a escuchar los mensajes que la vida nos trae. Nos anima a transformarnos, a fluir con la vida, a ser participantes activos en la transición entre realidades. Esta oportunidad de vida es tanto un paso hacia lo desconocido como un mensaje divino que nos impulsa hacia el cambio y la transmutación.

EL MAGO BLANCO EN LAS PERSONAS DESPIERTAS

Las personas que nacen bajo la energía del Mago Blanco y logran sintonizarse con ella para despertarla, son individuos fuertemente intuitivos, receptivos y poseen una perspectiva ampliada de la realidad que a menudo parece trascender las limitaciones del tiempo y el espacio.

Cuando están despiertos, manifiestan una actitud abierta y receptiva hacia la vida. Su extraordinario nivel de sensibilidad les permite captar sutilezas en su entorno que a menudo pasan desapercibidas para otros. Tienen un don para leer entre líneas, detectar intenciones ocultas y percibir emociones subyacentes. Esta aguda percepción es la base de su empatía, lo que les permite comprender profundamente a los demás, sintonizar con sus emociones y ver el mundo desde su perspectiva.

Aquellos que se sintonizan de manera consciente la energía del Mago Blanco, poseen un poderoso don para la intuición y la clarividencia. Esta capacidad les permite anticipar eventos y prever posibles resultados. Sin embargo, su intuición también se extiende más allá de aplicar esta habilidad solo para su beneficio. Utilizan su clarividencia para ver más allá de lo evidente, brindando luz a lo desconocido y ofreciendo consejo y protección a quienes buscan su guía.

Cuando están alineados con esta energía, muestran su capacidad de sanación. Se preocupan profundamente por el bienestar de los demás y se esfuerzan por restaurar el equilibrio y la armonía en sus vidas. Su amor y compasión, combinados con su profunda comprensión, les otorgan la capacidad de sanar a un nivel significativo.

Los Magos Blancos conscientes son también humildes y auténticos. No buscan reconocimiento o gloria, sino que se esfuerzan por servir a los demás y contribuir al bienestar general. Son fieles a sí mismos y valoran la autenticidad, fomentando un ambiente de aceptación y amor incondicional. En definitiva, son seres perceptivos e intuitivos, dotados de habilidades para guiar y sanar. Son verdaderos sabios, maestros de la empatía y defensores del crecimiento personal y la evolución colectiva.

EL MAGO BLANCO EN LAS PERSONAS DORMIDAS

Las personas nacidas bajo la energía del Mago Blanco, pero que no logran sintonizarse con ella, suelen experimentar una desconexión de su esencia intuitiva y empática. En lugar de aprovechar su sensibilidad natural y su capacidad para ver más allá de lo evidente, a menudo se sentirse atrapados en una perspectiva de vida más convencional y menos profunda.

Los Magos Blancos en estado dormido suelen enfrentar dificultades con su propia sensibilidad, sintiéndose abrumados por la intensidad de las emociones, tanto propias como de los demás. En lugar de usar su empatía como un recurso para comprender y conectarse con los demás, frecuentemente intentan evitar situaciones emocionales, convirtiendo su vida en una serie de rutinas predecibles y desprovistas de auténtica conexión humana.

Además, cuando estos Magos Blancos no están sintonizados, suelen tener dificultades para confiar en su propia intuición. Aunque tienen el potencial para percibir sutilezas y prever eventos, a menudo ignoran estas percepciones, eligiendo adherirse a patrones de pensamiento más lógicos y racionales. Esta desconexión con su intuición limita su habilidad para tomar decisiones informadas y vivir de manera auténtica.

Cuando están dormidos, a menudo descuidan su potencial sanador. En lugar de utilizar su empatía y comprensión para ayudar a los demás, tienden a sentirse impotentes frente al sufrimiento ajeno, prefiriendo por mantenerse al margen en lugar de intervenir. En este sentido, su habilidad innata para restaurar el equilibrio y la armonía en la vida de los demás permanece sin ser utilizada, llenándolos de frustración por no hacer nada.

Los Magos Blancos también pueden enfrentar desafíos con respecto a su autenticidad cuando no se sintonizan a su energía. En lugar de valorar su verdadero yo y vivir en congruencia con sus valores y sentimientos, tienen a buscar la aprobación externa, ocultando su verdadera identidad. Esto genera una desconexión consigo mismos y con los demás, limitando su capacidad para vivir una vida auténtica y satisfactoria.

QUE HACER EN EL DÍA DEL MAGO BLANCO

En el día del Mago Blanco, vive con una intuición aguda y una empatía abierta Permite que la sensibilidad que te rodea te guíe y te permita percibir las sutilezas de tu entorno, las intenciones ocultas y las emociones subyacentes. Utiliza esta intuición aguda como una herramienta para comprender profundamente a los demás, sintonizando con sus emociones y viendo el mundo desde su perspectiva.

El día del Mago Blanco es una invitación a conectarte con tu ser más intuitivo y receptivo. Es un llamado a liberarte de las barreras del tiempo y a vivir con una conciencia atemporal que te posiciona en el momento presente. Este día te insta a desplegar tu encanto, a percibir los hilos invisibles de la realidad y a profundizar en el entendimiento de los demás. Si te sientes perdido entre el pasado y el futuro, este es el momento de abrirte a la fluidez atemporal y centrarte en el ahora para ejercer tu encanto en tu interacción con el mundo.

Además, este día sirve como un recordatorio de que la receptividad y la atemporalidad son fuerzas transformadoras. La intuición y la empatía no son meras herramientas; son dones poderosos para cambiar tu perspectiva, sanar y crear conexiones más profundas con los demás. Pero ten cuidado de no quedar abrumado por las emociones o de perderte en lo etéreo. En su lugar, utiliza la receptividad que tienes a tu disposición para comprender y el encanto que posees para iluminar, inspirando a otros con una visión mágica y auténtica.

Recuerda, el Mago Blanco te llama a ir más allá de lo superficial, a encantar y a percibir lo oculto. Este es un día para ser intuitivo, para explorar las realidades atemporales y para permitirte actuar como un verdadero chamán en tu propia vida.

En definitiva, en el día del Mago Blanco, puedes celebrar la receptividad, el encantamiento y la atemporalidad que residen en ti. Reconoce y aprovecha la capacidad que tienes para transformar la realidad. Recuerda, cada día es una oportunidad para crecer y evolucionar, y el Mago Blanco está aquí para guiarte en ese camino.

EL ÁGUILA AZUL

BASE ORÁCULO QUINTA FUERZA

Antípoda   Destino   Análogo

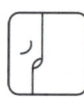

Oculto

Nombre Maya: MEN
Código: 15
Nota Musical: Sol
Dirección: Oeste
Planeta: Júpiter
Chacra: Corona
Miembro: Dedo pulgar pie Izquierdo
Arquetipo: El Vidente
Emisario Estelar, El Nacido en las Alturas
Acción: Crear
Esencia: Mente
Poder: Visión

Raza: Azul - Transformar

Familia: Polar

Clan: Cielo

Célula: Salida

DESCRIPCION DEL SELLO SOLAR

El Sello Solar del Águila Azul representa a la visión más elevada de la creación. Esta energía nos motiva a ampliar nuestros horizontes y nos guía en nuestra búsqueda de un entendimiento más profundo a través de la contemplación y el análisis. Es una llamada a la introspección profunda, incentivándonos a emplear nuestra mente como instrumento para moldear y transformar nuestra realidad. En este sentido, el Águila Azul actúa como un guardián y un visionario, facilitando la transición de una conciencia individual a una conciencia planetaria.

La Acción de Crear.

El Águila Azul nos entrega la acción de crear, un concepto que va mucho más allá de la simple generación de algo nuevo. La creación aquí no se trata meramente de un acto individualista o un impulso pasajero. Es un movimiento intencionado, meticulosamente orquestado que brota desde las profundidades de la comprensión y la intuición. Este movimiento es como una sinfonía compuesta de múltiples notas y acordes, cada uno de ellos aportando algo esencial al conjunto. La acción de crear, entonces, se convierte en un canal a través del cual fluyen tanto la claridad mental como la visión profunda.

La creatividad del Águila Azul también se encuentra ligado a la idea de libertad. La libertad aquí no es una licencia para hacer lo que uno quiera sin considerar a los demás, sino la capacidad para actuar al servicio de un bien mayor. Es una expansión de las limitaciones del ego y de los confines de la individualidad, una apertura hacia posibilidades que la mente racional podría no haber considerado. En esta apertura, el Águila Azul se convierte en un protector y un guardián, no solo de la persona individual, sino de la familia, la comunidad y, en última instancia, del conjunto de la consciencia colectiva.

A medida que el Águila Azul participa en este acto de creación, lo hace con una mirada clara hacia la promoción de la evolución de la consciencia colectiva. La creación no es un acto aislado; es una contribución al tejido más amplio de la vida. Este enfoque comunitario de la creación representa un compromiso profundamente arraigado con la claridad y la valentía, dos cualidades fundamentales del Águila Azul. Es un compromiso con la idea de que, para realmente crear algo significativo, uno debe tener el coraje de enfrentar lo desconocido y la claridad para discernir qué es verdaderamente relevante y necesario.

Por último, la acción de crear del Águila Azul está definida por una insistente demanda de trascender lo obvio y superficial. No se trata solo de ir más allá de las primeras impresiones o apariencias; es una invitación a adentrarnos en las complejidades y sutilezas que a menudo se ocultan tras lo evidente.

La Esencia de la Mente.

La esencia del Águila Azul es la mente, la cual se manifiesta como una compleja sinergia de capacidades cognitivas que abarcan tanto la mente analítica y racional como la consciencia colectiva y planetaria. En el nivel más básico, la mente racional del Águila Azul ofrece un poderoso foco analítico. En este sentido, la perspicacia y la agudeza mental son herramientas que permiten observar y comprender tanto lo visible como lo invisible, tanto lo obvio como lo sutil. Esta es una mente afinada que, como un águila real, puede discernir detalles desde grandes alturas y actuar con gran precisión.

Este don para la agudeza mental no se limita simplemente a la inteligencia en su sentido más tradicional. Va más allá, ofreciendo una forma especializada de discernimiento que permite identificar elementos ocultos o implícitos. Esto dota al Águila Azul con la habilidad de percibir matices y realidades que a menudo pasan desapercibidas para la mayoría. En este contexto, la mente del Águila Azul no solo piensa, sino que también observa, siente y se sintoniza con una realidad mucho más amplia.

Por otro lado, la paciencia y la confianza en uno mismo también son elementos cruciales para esta esencia de la mente. La paciencia aquí no es una espera pasiva; es una cualidad activa que permite al Águila Azul observar con detenimiento, cultivar la claridad y tomar decisiones informadas. Esta paciencia está profundamente arraigada en una sólida confianza en uno mismo, que no es una mera autoestima, sino una profunda seguridad en la propia capacidad para enfrentar y comprender las complejidades del mundo.

En definitiva, la esencia de la mente del Águila Azul es un conjunto de distintas habilidades y enfoques mentales, desde lo racional y analítico hasta lo intuitivo y holístico. Es una mente que sirve como puente entre lo individual y lo colectivo. Esta complejidad y versatilidad mental hacen del Águila Azul un símbolo de cómo la mente puede ser una herramienta para la transformación personal y colectiva, para el bienestar y la evolución consciente tanto del individuo como del planeta.

El Poder de la Visión.

El poder del Águila Azul es la visión, un concepto que trasciende la simple percepción de lo que vemos. La visión del Águila Azul se distingue por su habilidad para distinguir lo intangible, para mirar más allá de lo evidente. Desde su perspectiva elevada, los puntos de vista se multiplican y la visión se amplía, proporcionando una comprensión más profunda de la realidad a través de la intuición, el esfuerzo y la dedicación.

Una de las dimensiones más significativas de este poder es la habilidad para captar diferentes puntos de vista. Al igual que un águila que sobrevuela su dominio desde las alturas, este sello nos da la oportunidad de mirar la situación desde diferentes ángulos, uniendo detalles que podrían parecer inconexos. Aquí, la cercanía y la altitud no son mutuamente excluyentes; de hecho, se complementan. La cercanía permite una comprensión detallada y una visión más clara de los problemas inmediatos, mientras que la altitud ofrece una visión panorámica, un cuadro más grande que nos ayuda a ver cómo encajan todas las piezas.

Sin embargo, lo que realmente eleva la visión del Águila Azul a un nivel transformador es su enfoque en la consciencia planetaria y colectiva. No se trata solo de ver el árbol o el bosque, sino de entender su lugar dentro del ecosistema global. La visión del Águila Azul nos invita a expandir nuestra comprensión del mundo, permitiéndonos tomar decisiones rápidas pero cautelosas que tienen en cuenta no solo el impacto inmediato sino también las implicaciones a largo plazo.

Por último, el poder de la visión del Águila Azul simboliza al vidente, a quien facilita claridad y entendimiento en tiempos de incertidumbre y ambigüedad. Ofrece un lente a través del cual podemos ver el mundo con más claridad, haciendo que lo invisible se vuelva visible y lo incomprendido, comprensible. Este tipo de visión es crucial para la evolución de nuestra consciencia individual y colectiva. Nos empuja a ir más allá de nuestros límites perceptuales y a explorar nuevos horizontes de entendimiento. En última instancia, nos convierte en guardianes más efectivos de nuestro planeta y de nuestra comunidad global.

EL ÁGUILA AZUL EN LAS PERSONAS DESPIERTAS

Las personas que nacen bajo la energía del Águila Azul y logran sintonizarse con ella para despertarla, poseen una personalidad notoriamente visionaria e introspectiva. Son capaces de expandir sus perspectivas para abordar problemas y situaciones desde un enfoque amplio y holístico, lo que les permite descubrir soluciones innovadoras.

Cuando están despiertos, se caracterizan por su habilidad para percibir más allá de lo evidente. Su mente, afinada y precisa, se convierte en una potente herramienta que les permite no solo desentrañar los misterios más profundos, sino también concebir posibilidades infinitas. Son verdaderos maestros en la transformación de sus visiones en realidad, no temen a los desafíos y siempre están dispuestos a enfrentar cualquier obstáculo con valentía y confianza.

Las Águilas Azules despiertas son seres altamente creativos, capaces de desafiar los límites de las creencias establecidas y de abrazar la posibilidad de un cambio trascendental. Su creatividad no sólo se manifiesta en sus ideas y pensamientos, sino que también se refleja en su capacidad para exponer y transformar su realidad. Se sienten cómodos explorando nuevas perspectivas, ampliando su propio horizonte de conocimientos y habilidades.

Cuando se sintonizan con su energía, se transforman en seres comprometidos, que valoran profundamente la integridad y la dedicación en todas sus acciones. Entienden que sus acciones tienen un impacto directo en el mundo que les rodea, y por lo tanto, se esfuerzan por actuar de manera responsable y consciente. Este compromiso se extiende también a su propio crecimiento y desarrollo personal. Son capaces de sumergirse en las profundidades de su existencia, enfrentar sus propios límites y descubrir su verdad oculta.

Las Águilas Azules despiertas también poseen una gran capacidad para mantener una mentalidad abierta y flexible. Entienden que el cambio es un componente esencial de la vida y están siempre listos para investigar y aceptar nuevas situaciones y experiencias.

EL ÁGUILA AZUL EN LAS PERSONAS DORMIDAS

Las personas nacidas bajo la energía del Águila Azul, pero que no logran sintonizarse con ella, a menudo experimentan dificultades en plasmar su creatividad y en expandir su visión más allá de los límites tradicionales. Aunque están dotados de una intuición latente y un potencial para transformar la realidad, suelen quedar atrapados en patrones mentales restrictivos que limitan su capacidad de percibir las posibilidades que les rodean.

Cuando están dormidos, las Águilas Azules tienen tendencia centrarse en sí mismas, olvidando el potencial de su visión para contribuir al bienestar colectivo. A menudo pueden encontrarse en un bucle constante de pensamientos y preocupaciones, lo que les impide conectar con su sabiduría interna y con los demás de manera efectiva. Esta falta de conexión suele llevarlos a experimentar un sentido de aislamiento y una incapacidad para aprovechar su potencial creativo.

Cuando no están sintonizadas a su energía, las Águilas Azules a menudo pasan por alto la importancia de los momentos de introspección, y suelen encontrarse constantemente atrapados en la prisa y la distracción del mundo exterior. Esto puede resultar en un desequilibrio en diversas áreas de su vida y puede limitar su capacidad para avanzar con confianza y seguridad.

Cuando no logran sintonizarse con la energía del Águila Azul, estos individuos también suelen luchar con la innovación, a pesar de tener la intuición y la responsabilidad necesarias para hacerlo. Tienden a ver la vida como una serie de obstáculos insuperables, en lugar de como un escenario en el que pueden contribuir a la construcción de un mundo más libre y consciente.

Finalmente, cuando están en estado dormido, estas personas albergan un profundo potencial latente. Aunque pueden luchar con las limitaciones autoimpuestas y la desconexión de su entorno, con la introspección adecuada, tienen la capacidad de transformarse en seres intuitivos y conscientes, capaces de iluminar el mundo con la luz de su sabiduría y su visión profunda de las cosas.

QUE HACER EN EL DÍA DEL AGUILA AZUL

El día del Águila Azul nos invita a expandir nuestras alas de comprensión para contemplar la inmensidad tanto de nuestro ser como del universo que nos rodea. En este día, sumérgete en el camino de la introspección. Distingue los patrones de pensamiento y comportamiento que frenan tu crecimiento. Analiza cuáles son aquellos que necesitas liberar y cuáles debes fomentar. Hoy se nos brinda el poder para transformar nuestro vuelo y nuestro viaje, así que vuela alto y aprovecha la oportunidad para evolucionar.

La energía del Águila también nos invita a conectar con nuestro ser interior. Todo lo que sucede en el mundo exterior es un espejo de lo que ocurre dentro de nosotros, por lo que si anhelamos mejorar nuestro entorno, debemos empezar por armonizar nuestro mundo interno. Hoy contamos con el potencial para alzarnos y superar cualquier obstáculo. Despliega tus alas, puedes transformarte en un Águila que vuela y avanza a su propio ritmo.

El día del Águila Azul es además una oportunidad para meditar. Intenta visualizar aquello que aspiras a materializar en tu vida. Sintoniza con la capacidad inherente de tu mente para imaginar y crear. Si lo visualizas, lo puedes crear. Actúa y no te estanques; al igual que el águila, que no espera que las oportunidades lleguen a su nido, sal en busca de lo que necesitas.

Este día es también un buen momento para tomar consciencia sobre nuestra responsabilidad hacia el mundo. Cada acción que emprendemos, por más pequeña que sea, tiene el potencial de hacer una diferencia. Reflexiona sobre esto y proyecta tus acciones con consciencia y propósito.

Al concluir este día, esfuérzate por alcanzar un equilibrio entre tu ser interno y el mundo exterior. Actúa con autenticidad y ejerce de manera consciente y respetuosa tu capacidad para transformar. Agradece el camino recorrido, cultiva relaciones auténticas y sinceras que enriquezcan el bienestar mutuo, y anida en tu corazón la sabiduría y la visión que este día del Águila Azul te ha brindado.

EL GUERRERO AMARILLO

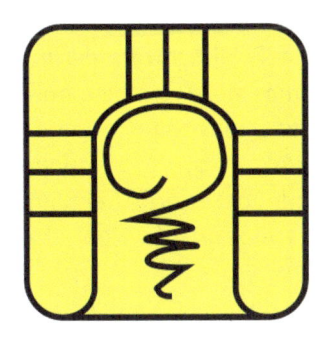

**BASE ORÁCULO
QUINTA FUERZA**

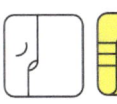

Antípoda   Destino   Análogo

Oculto

Nombre Maya: CIB
Código: 16
Nota Musical: Do
Dirección: Sur
Planeta: Saturno
Chacra: Laríngeo
Miembro: Segundo dedo del pie izquierdo
Arquetipo: El Descubridor
Agente de Inteligencia, Científico Cósmico
Acción: Cuestionar
Esencia: Intrepidez
Poder: Inteligencia

Raza: Amarilla - Madurar

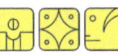

Familia: Cardinal

Clan: Cielo

Célula: Salida

DESCRIPCION DEL SELLO SOLAR

El Sello Solar del Guerrero Amarillo representa la integridad en acción y la impecabilidad. Actúa como la luz que ilumina un camino consciente, guiándonos hacia la expansión de nuestra realidad más allá de las limitaciones del pensamiento convencional. Este Sello no solo encarna una inteligencia divina, sino que también se convierte en una fuente inagotable de inspiración, de búsqueda y descubrimiento. Es el portador de la espada de la verdad, el pacificador y el líder espiritual que sigue un camino consciente hacia la mejora del futuro.

La Acción de Cuestionar.

El Guerrero Amarillo nos entrega la acción de cuestionar, pero no en el sentido de un acto trivial o superficial. Se trata de una búsqueda profunda y consciente que va más allá de simplemente hacer preguntas. Este cuestionamiento es una manifestación de una curiosidad insaciable que lo lleva a explorar no solo el mundo que lo rodea, sino también las complejidades del espíritu humano, las estructuras sociales y hasta los dogmas que han sido aceptados sin cuestionamiento durante generaciones.

Este acto de cuestionar es un ejercicio de valentía intelectual. El Guerrero Amarillo no teme enfrentar las verdades incómodas o desafiar las normas establecidas. Su búsqueda está impregnada de una ética rigurosa y un profundo respeto por la diversidad de pensamiento y creencia. No busca imponer sus propias conclusiones, sino más bien abrir un espacio para el diálogo y la reflexión. Su objetivo es llegar a una comprensión más completa y matizada de la realidad.

La mente del Guerrero Amarillo es una mente en constante actividad. Su agilidad mental le permite navegar a través de complejas redes de información, discernir patrones y hacer conexiones. Esta agilidad es complementada por un talento innato para el razonamiento lógico y crítico. No se contenta con respuestas fáciles o soluciones rápidas; en su lugar, se sumerge en las capas más profundas de los problemas, buscando entender no solo el qué, sino también el por qué y el cómo. Esta combinación de agilidad y razonamiento lo convierte en un estratega nato, capaz de planificar y ejecutar con precisión.

Pero quizás lo más importante es que el Guerrero Amarillo está siempre en busca de la verdad. No una verdad dogmática o absoluta, sino una verdad que se descubre y se redefine constantemente a través del acto de cuestionar. Esta búsqueda de la verdad no es un fin en sí mismo, sino un medio para alcanzar un mayor grado de libertad, justicia y armonía en el mundo. Al cuestionar, el Guerrero Amarillo se convierte en un agente de cambio, un catalizador para el despertar y la transformación tanto personal como colectiva.

La Esencia de la Intrepidez.

La esencia del Guerrero Amarillo es la intrepidez, esa valentía que va más allá del mero coraje físico que se podría asociar con un guerrero en el sentido tradicional. No se trata solo de enfrentar peligros físicos, sino también de abordar los desafíos emocionales, intelectuales y espirituales que se presentan en la vida.

La intrepidez del Guerrero Amarillo se manifiesta de diversas maneras, una de las cuales es su firme moralidad. Esta figura opera desde un núcleo ético sólido, que le proporciona una brújula moral en situaciones complejas. No se trata de una moralidad rígida o dogmática, sino de una ética flexible pero firme que le permite adaptarse a diferentes circunstancias sin perder su integridad. Su conducta impecable es un testimonio de esta moralidad, mostrando respeto y bondad incluso cuando se enfrenta a la adversidad.

Otra manifestación de su intrepidez es su capacidad para combatir el miedo. El miedo es una emoción humana universal, pero el Guerrero Amarillo tiene la habilidad de enfrentarlo y trascenderlo. Esto no significa que no sienta miedo, sino que no permite que el miedo lo paralice o lo desvíe de su camino. Su valentía se nutre de la prudencia y el equilibrio, permitiéndole actuar de manera deliberada y calculada. Sin embargo, también posee una sagacidad innata que le permite navegar a través de los desafíos de la vida con una especie de gracia intuitiva.

Lo que realmente eleva la intrepidez del Guerrero Amarillo a un plano superior es su conexión con fuerzas más grandes que él mismo. Se siente alimentado por una fuerza cósmica que lo conecta con el universo en su totalidad, y también se nutre de la sabiduría de los antepasados, un legado de conocimiento y experiencia que le da una perspectiva más amplia. Estas conexiones no solo lo fortalecen, sino que también le permiten actuar como un verdadero pacificador, alguien que puede traer armonía y resolución a situaciones conflictivas.

En definitiva, la intrepidez del Guerrero Amarillo es una compleja interacción de valentía, moralidad, equilibrio y conexión con fuerzas más grandes.

El Poder de la Inteligencia.

El poder del Guerrero Amarillo es la inteligencia, un poder que trasciende lo superficial y se arraiga en la sabiduría del ser. No estamos hablando de una inteligencia común y corriente, sino de una inteligencia divina. Esta es una forma de sabiduría que trasciende el conocimiento mundano y se adentra en el ámbito de lo espiritual y lo cósmico.

Esta inteligencia divina actúa como una luz que ilumina el camino del Guerrero Amarillo, permitiéndole ver más allá de las apariencias superficiales y comprender las verdaderas esencias de las cosas. Pero esta luz no solo ilumina su propio camino; también le permite ayudar a los demás a despertar a sus propias verdades. En este sentido, el Guerrero Amarillo se convierte en un faro de claridad y comprensión en un mundo a menudo oscurecido por la ignorancia y la confusión.

La manifestación más palpable de esta inteligencia divina se encuentra en su capacidad para servir genuinamente desde el corazón. Este no es un servicio superficial o transaccional, sino un acto de amor y compasión que surge de un profundo sentido de conexión con todos los seres. Esta forma de servicio está intrínsecamente vinculada con la paz interior, que el Guerrero Amarillo cultiva a través de la disciplina, la meditación y la autorreflexión. Esta paz interior, a su vez, le otorga una habilidad única para la resolución de conflictos, permitiéndole actuar como un mediador eficaz en situaciones tensas.

Lo que verdaderamente distingue la inteligencia del Guerrero Amarillo es su asertividad en la consecución de propósitos. No es alguien que se deja arrastrar por las circunstancias. En lugar de eso, está guiado por una voz interna y una conexión espiritual profunda que le brindan una especie de comunicación divina. Esta conexión no solo le proporciona una guía espiritual, sino que también le otorga una consciencia cósmica que le permite entender su rol en el universo. Este poder de inteligencia divina no solo lo eleva como individuo sino que también lo habilita para inspirar y elevar a los demás, funcionando como un catalizador para el despertar y la transformación a nivel colectivo.

EL GUERRERO AMARILLO EN LAS PERSONAS DESPIERTAS

Las personas que nacen bajo la energía del Guerrero Amarillo y logran sintonizarse con ella para despertarla, poseen una personalidad que irradia una mezcla única de valentía, integridad, humildad e inteligencia. Encaran la vida con audacia, buscando la verdad en todos los aspectos. Son la personificación de la impecabilidad, trascendiendo las fronteras convencionales y atrayendo a todos hacia una realidad más auténtica.

Estos individuos emergen como auténticos líderes espirituales, guiando a otros hacia el despertar con serena confianza. Su liderazgo no es el resultado de su ego, sino que surge de un profundo amor por la humanidad y una bondad inagotable.

Además de su liderazgo, los Guerreros Amarillos despiertos también se caracterizan por su habilidad para cuestionar y desafiar el status quo. No se conforman con las respuestas fáciles ni con las verdades establecidas. En su búsqueda de la verdad, emplean su inteligencia divina y su intrepidez para explorar nuevas perspectivas y posibilidades. Esta cualidad los convierte en catalizadores de cambio, capaces de inspirar y motivar a otros a cuestionar sus propias creencias y a embarcarse en su propio viaje de autodescubrimiento y crecimiento espiritual.

Los Guerreros Amarillos despiertos se distinguen por su valentía intrépida, capaces de enfrentar los desafíos de la vida sin temor. Son personas que atraviesan la vida con firmeza, dispuestas a confrontar cualquier obstáculo con claridad y fortaleza.

Asimismo, se entregan con fervor al cuestionamiento, entendido como una herramienta que desafía las limitaciones intelectuales y abre las puertas a la expansión. Esta actitud vital les permite avanzar, evolucionar y trascender, inspirando a aquellos que buscan una vida llena de significado.

Los Guerreros Amarillos, en última instancia, son portadores de fuerza, sabiduría y bondad. Son valientes, curiosos, buscadores y visionarios. Gracias a su luz interna, trascienden los límites ordinarios, proporcionando un modelo de vida inspirador, guiado por el respeto, la valentía y la incesante búsqueda de la verdad.

EL GUERRERO AMARILLO EN LAS PERSONAS DORMIDAS

Las personas que nacen bajo la energía del Guerrero Amarillo, pero que se encuentran dormidas debido a que no logran sintonizarse con ella, suelen vivir en un estado de constante lucha y conflicto. Sin la guía de su valentía interior y la claridad de su intuición, a menudo se sienten confundidos y desorientados, perdidos en sus propios temores y dudas.

Estos individuos, al no sintonizarse con su energía, suelen resistirse a cuestionar lo establecido, ya sea por miedo a la confrontación o por el confort que les brinda lo conocido. Este temor a cuestionar puede limitar su crecimiento y evolución, atrapándolos en patrones y rutinas que inhiben su progreso. En este sentido, cuando están en estado de desconexión, pueden llegar a acomodarse en situaciones que, aunque restrictivas, les resultan cómodas porque alguien más les dicta qué hacer.

Es importante notar que esta resistencia al cuestionamiento no solo afecta su desarrollo personal, sino que también puede tener un impacto en su entorno. Al no cuestionar las normas y valores sociales, pueden contribuir, aunque de manera involuntaria, a perpetuar sistemas de creencias y estructuras que son perjudiciales o limitantes para ellos y para los demás.

Los Guerreros Amarillos dormidos también suelen tener dificultades para enfrentar sus propios errores y limitaciones. La falta de autocrítica puede llevarlos a adoptar una postura defensiva, donde es más fácil atribuir la culpa a otros o a las circunstancias en lugar de asumir la responsabilidad y aprender de sus acciones.

Adicionalmente, en lugar de abordar lo desconocido con valentía, suelen optar por permanecer en su zona de confort, evitando desafíos y oportunidades de crecimiento. Esto resulta en un estancamiento donde su desarrollo personal se ve limitado.

Cuando están dormidos, los Guerreros Amarillos también pueden experimentar una falta de dirección en la vida, lo que los conduce a la frustración, la apatía y la insatisfacción. La ausencia de un propósito bien definido puede impedirles canalizar su energía de manera efectiva y constructiva.

QUE HACER EN EL DIA DEL GUERRERO AMARILLO

En el día del Guerrero Amarillo, vive con valentía e integridad. Permítete desentrañar la verdad en cada aspecto de tu existencia. Este es un día para actuar con impecabilidad, con coraje y resiliencia; es un día destinado a desafiar las fronteras de lo convencional y abrirte a la realidad con autenticidad.

Abraza a tu Guerrero interior. Deja que la energía del Guerrero Amarillo te guíe. No te dejes dominar por el miedo; en su lugar, opta por la audacia. Recuerda que la valentía no radica en la ausencia de miedo, sino en la capacidad para actuar a pesar de él. Así que, independientemente del tamaño de tus desafíos, enfréntalos y demuestra que puedes superarlos.

Además, este es un día para buscar la verdad. Cuestiona, indaga, aprende. La energía del Guerrero Amarillo te invita a desafiar tus limitaciones intelectuales y a abrirte a nuevas posibilidades. No te conformes con lo que ya conoces, sino que busca siempre algo más. En cada pregunta y en cada respuesta, hay una oportunidad para crecer.

Este día también es una oportunidad para conectar con tu espiritualidad. Medita, reflexiona y busca la paz interior que te permita enfrentar los desafíos con serenidad. La energía del Guerrero Amarillo también es una energía de sabiduría ancestral; por lo tanto, considera dedicar un momento para honrar a tus antepasados o las tradiciones que te han formado.

Recuerda también que ser un Guerrero Amarillo significa liderar con humildad. No busques reconocimiento ni fama. Lidera con amor, bondad y compasión. Conviértete en un faro de luz para los demás, guíalos con sabiduría y bondad. La verdadera autoridad no proviene del poder, sino de la capacidad para servir a los demás.

En el día del Guerrero Amarillo, en definitiva, actúa con impecabilidad e integridad. Tu palabra es tu honor. Actúa de acuerdo con tus principios, y verás cómo todo a tu alrededor se alinea con tu verdad más profunda. Siente la energía del Guerrero Amarillo fluyendo en ti, y vive cada instante con intrepidez, cuestionando con inteligencia todo lo que se te presente.

LA TIERRA ROJA

BASE ORÁCULO QUINTA FUERZA

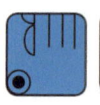

Antípoda   Destino   Análogo

Oculto

Nombre Maya: CABAN
Código: 17
Nota Musical: Re
Dirección: Este
Planeta: Urano
Chacra: Corazón
Dedo: Medio del Pie Izquierdo
Arquetipo: El Navegante
Creador de Mapas, Archivero Galáctico
Acción: Evolucionar
Esencia: Sincronía
Poder: Navegación

Raza: Roja - Iniciar

Familia: Central

Clan: Cielo

Célula: Matriz

DESCRIPCION DEL SELLO SOLAR

El Sello Solar de la Tierra Roja representa la capacidad innata de la Madre Tierra para evolucionar y navegar a través de los ciclos del tiempo. Este Sello simboliza la profunda integración entre nuestra existencia y nuestro planeta, revelando el papel que cada individuo desempeña en su continua transformación. Este sello es una representación del equilibrio que nos guía hacia un estado de autogobierno y de resonancia fluida con el mundo. Es un llamado a ser responsables, a estar centrados en el aquí y ahora, y a actuar como guardianes de la Madre Tierra.

La Acción de Evolucionar.

La Tierra Roja nos entrega la acción de evolucionar, un término que a menudo es malentendido como un simple cambio. En realidad, se trata de un complejo conjunto de procesos y estados de ser que nos llevan hacia una versión más madura y fuerte de nosotros mismos. Evolucionar no es un acto pasivo; es un llamado a la acción, una invitación a participar activamente en la causa de la vida y a contribuir al bienestar del planeta y de la humanidad.

Evolucionar es un movimiento universal que nos impulsa hacia la madurez. La madurez aquí no se refiere solo a la edad o la experiencia, sino a un estado de equilibrio y fortaleza interior que nos permite enfrentar los desafíos de la vida con confianza y sabiduría. Es un proceso que nos lleva a ser más responsables, no solo con nosotros mismos sino también con la Madre Tierra y con la comunidad en la que vivimos. La madurez es la manifestación de una fuerza natural que nos guía y nos da el poder de tomar decisiones informadas.

La adaptación es otro elemento crucial en el proceso de evolución. Vivimos en un mundo en constante cambio, donde la información fluye a grandes velocidades y donde cada momento presenta nuevas oportunidades y desafíos. Adaptarse significa estar en sintonía con este flujo, ser capaces de modificar nuestras estrategias y enfoques para afrontar las circunstancias cambiantes. La adaptación es la habilidad de mantener el equilibrio incluso cuando todo a nuestro alrededor parece estar en un estado de caos.

El flujo es otra característica esencial de la evolución. Al igual que un río que fluye sin cesar, la vida está en un estado constante de movimiento. Este flujo es lo que nos permite aprender, crecer y, en última instancia, evolucionar.

Finalmente, evolucionar es un llamado a conectarnos con algo más grande. Es un recordatorio de que somos parte de un sistema más amplio, un ecosistema que incluye no solo a otros seres humanos sino también a la naturaleza y a la mente planetaria. Esta conexión nos da un sentido de propósito y nos permite ver nuestras acciones y decisiones en el contexto de un bien mayor.

La Esencia de la Sincronía.

La esencia de la Tierra Roja es la sincronía, un concepto que va más allá de la simple coincidencia o casualidad. La sincronía es una forma de armonía cósmica, un lenguaje universal que nos conecta con el flujo natural del universo y nos permite vivir en un estado de equilibrio y sinergia. Es una especie de telepatía cósmica que nos ayuda a entender y a ser entendidos, permitiéndonos encontrar nuestro lugar en el mundo y a navegar a través de los complejos laberintos de la vida.

Estar en el momento presente es una de las claves para entender y experimentar la sincronía. El momento presente es donde la vida ocurre; es el espacio donde podemos encontrar la verdadera sincronía. Al centrarnos en el ahora, somos capaces de sintonizar con las sutiles señales y mensajes que el universo nos envía, permitiéndonos tomar decisiones más informadas y vivir una vida más plena.

La sincronía también nos habla de equilibrio y sinergia. Este equilibrio no es estático; es un estado dinámico que requiere una constante adaptación y ajuste. La sinergia, por otro lado, se refiere a la increíble capacidad de diferentes elementos para trabajar juntos, creando algo más grande y más poderoso que la suma de sus partes. Al vivir en sincronía, somos capaces de encontrar esta sinergia en nuestras relaciones, en nuestro trabajo y en nuestra conexión con la naturaleza, lo que nos lleva a un estado de paz y satisfacción.

La sincronía es, en muchos sentidos, una forma de telepatía. No en el sentido de leer la mente, sino en la capacidad de entender y ser entendidos sin la necesidad de palabras. Se trata de una comunicación que ocurre en un nivel más profundo, una resonancia que nos permite navegar a través de la información y los procesos de la vida con una confianza y paciencia renovadas. Esta forma de telepatía nos conecta no solo con otros seres humanos, sino también con la Madre Tierra y con el flujo natural del universo. En definitiva, la Tierra Roja nos ofrece entonces una forma de navegar a través de la complejidad de la vida de una manera más consciente y conectada.

El Poder de la Navegación.

El poder de la Tierra Roja es la navegación. Este término, que a menudo asociamos con el movimiento físico de un lugar a otro, en este contexto se expande para abarcar una forma más profunda y significativa de viaje: la navegación a través de la complejidad y la incertidumbre de la vida misma. No se trata simplemente de moverse, sino de moverse con intención, con un sentido de propósito y dirección que va más allá del simple desplazamiento.

La navegación es la habilidad de enraizar nuestras ideas en la realidad tangible. Vivimos en un mundo lleno de posibilidades, donde la imaginación y la creatividad son recursos infinitos. Sin embargo, sin la habilidad de navegar, estas ideas y sueños permanecerían en el reino de lo abstracto. La navegación nos permite concretar nuestros sueños, transformar nuestras visiones en realidades palpables. Es el proceso mediante el cual tomamos nuestras ideas abstractas y las traducimos en acciones concretas, en pasos medibles que nos acercan a nuestros objetivos.

Este poder también implica una forma de sabiduría y conocimiento que nos guía en nuestro viaje. Al igual que un capitán de barco utiliza mapas y brújulas para encontrar su camino a través del océano, nosotros utilizamos nuestra sabiduría interna y nuestro conocimiento acumulado para navegar a través de los desafíos y oportunidades de la vida.

El barco en este contexto simboliza el vehículo que nos lleva a través del camino de la vida. Este barco está construido con los materiales de nuestra resiliencia, nuestra fortaleza y nuestra capacidad para adaptarnos y evolucionar. Está impulsado por el viento de nuestra pasión y nuestra curiosidad, y está guiado por la estrella polar de nuestro propósito y nuestros valores. En este barco, no estamos solos. Somos acompañados por aquellos que comparten nuestro viaje, aquellos que nos apoyan y nos desafían, y aquellos que, como nosotros, están en su propio viaje de navegación. En conjunto, la navegación es lo que nos permite no solo sobrevivir, sino también prosperar, permitiéndonos vivir una vida de significado y contribución.

LA TIERRA ROJA EN LAS PERSONAS DESPIERTAS

Las personas que nacen bajo la energía la Tierra Roja y logran sintonizarse con ella para despertarla, tienen una conexión especial con la energía vital del planeta. Esta conexión no es meramente simbólica; se manifiesta en una serie de cualidades y habilidades que definen su forma de interactuar con el mundo. Al sintonizarse con su energía, estas personas despiertan una consciencia más elevada que les permite entender la interconexión de todas las cosas. Este despertar no es un evento aislado, sino un proceso continuo que les permite asumir un papel de custodios de la Madre Tierra, actuando con un sentido de responsabilidad y respeto hacia el planeta y todos sus habitantes.

Una de las características más notables de las Tierras Rojas despiertas es su habilidad para fluir con los ritmos naturales de la vida. Esta sintonía les permite moverse a través de la existencia con una gracia y equilibrio. No es que estén libres de desafíos o dificultades, sino que poseen la resiliencia y la fortaleza para enfrentar estos obstáculos con una actitud positiva. Su intuición, potenciada por su conexión con la energía de la Tierra, les orienta en la toma de decisiones y les impulsa hacia una evolución constante hacia versiones más auténticas de sí mismos.

Además, las personas sintonizadas con la energía de la Tierra Roja tienen una profunda comprensión de la importancia de vivir en el momento presente. Esta capacidad para estar plenamente presentes les permite apreciar la belleza y la complejidad de cada instante, y les da la claridad para tomar decisiones más informadas. No se trata solo de una filosofía de vida, sino de una práctica activa que les permite estar en sintonía con las sutilezas y las señales que el universo les ofrece.

Finalmente, estas personas desarrollan un sentido de propósito y dirección muy marcado cuando están en sintonía con su energía. Saben cuándo fluir con las corrientes de la vida y cuándo es necesario hacer ajustes en su rumbo. Esta habilidad para navegar a través de la complejidad y la incertidumbre es especialmente valiosa. Su determinación y coraje les permiten enfrentar desafíos con una confianza que inspira a los demás.

LA TIERRA ROJA EN LAS PERSONAS DORMIDAS

Las personas que nacen bajo la energía de la Tierra Roja, pero que se encuentran dormidas debido a que no logran sintonizarse con ella, suelen mostrar características contrastantes. Principalmente, pueden resistirse a los cambios y a la evolución, adhiriéndose a rutinas y patrones de comportamiento rígidos. En lugar de fluir con los ciclos de la vida, optan por nadar contra la corriente, lo que conduce a la frustración y al estancamiento.

Estos individuos, al no estar alineados con su energía, suelen centrarse excesivamente en lo tangible y lo físico, descuidando la importancia de la sincronía y la interconexión. Aunque tienen la capacidad para profundizar en su consciencia y descubrir el conocimiento que ofrece la naturaleza, esta capacidad se mantiene latente.

Además, cuando no logran sintonizarse con su energía, suelen inclinarse demasiado hacia lo material y lo terrenal, descuidando los aspectos cósmicos y espirituales de su ser. Esto a menudo suele obstaculizar su proceso de crecimiento personal y espiritual.

En este estado, a menudo desconocen su papel como guardianes y protectores de la Madre Tierra. En lugar de servir de puente entre lo humano y lo universal, tienden a experimentar un estado de aislamiento y desconexión. No logran canalizar la energía superior hacia la tierra y así, podrían no contribuir al crecimiento espiritual de su entorno.

En general, las Tierras Rojas dormidas suelen vivir la vida con una sensación de desconexión y desequilibrio. En lugar de buscar la armonía y la coherencia, tienden a caer en patrones de caos y disonancia. Su respeto por sí mismos y por los demás puede disminuir, y la plenitud en todas sus experiencias les puede parecer un objetivo distante.

Sin embargo, en el interior de cada Tierra Roja existe latente la posibilidad de despertar. Al acoger el cambio, cuestionar sus paradigmas rígidos y adaptarse a las circunstancias, tienen la oportunidad de activar la esencia poderosa que reside en su interior, y comenzar a vivir con la sincronicidad y la relación con la naturaleza que caracterizan a esta energía.

QUE HACER EN EL DIA DE LA TIERRA ROJA

En el día de la Tierra Roja el llamado es a sintonizarse con el flujo de la vida y el ritmo de la Madre Tierra. Esta energía nos recuerda la interconexión inherente entre todos los seres y nuestro papel como guardianes del planeta. Nos invita a adentrarnos en la senda del autoconocimiento, fortaleciendo nuestra autenticidad y escuchando con atención a nuestra intuición, que puede guiarnos hacia la evolución y la mejora continua.

Deja que el poder de la navegación de la Tierra Roja te guíe. No te dejes dominar por la resistencia; en su lugar, opta por la adaptabilidad. Recuerda mantener una actitud de receptividad y apertura durante el día. En lugar de resistir los cambios, acéptalos como parte de los ciclos naturales de la vida. Observa cómo fluyen los acontecimientos, cómo se suceden los momentos, siempre diferentes, siempre nuevos. Como un río que siempre fluye, cada instante trae una oportunidad para la renovación y el crecimiento.

Asimismo, este es un día para comprender la sincronicidad. Observa, siente, comprende. La energía de la Tierra Roja te invita a percibir los ciclos de la vida y a abrirte a nuevas posibilidades. No te conformes con lo que ya experimentaste, sino que busca siempre algo más. En cada momento y en cada experiencia, reside una oportunidad para crecer.

Recuerda también cuidar tus acciones y pensamientos. Cada uno de ellos afecta al todo, a la interconexión de todo lo que existe. Toma decisiones conscientes y responsables, reconociendo el papel que todos tenemos como protectores del planeta. Valora lo que te rodea y expresa gratitud por ello.

En el día de la Tierra Roja, vive con autenticidad. La energía de la Tierra Roja nos enseña que la paz y el equilibrio se cultivan desde el interior. Ama y respétate a ti mismo, y extiende ese amor hacia los demás. Reconoce la importancia de la coherencia entre tus pensamientos, palabras y acciones. La Tierra Roja no es solo una energía que nos envuelve; es también un espejo que refleja nuestra esencia más profunda.

EL ESPEJO BLANCO

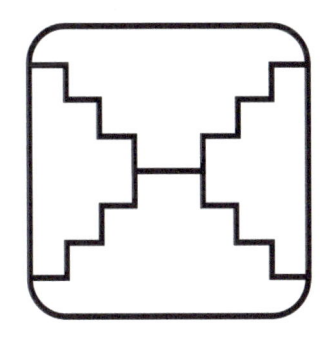

BASE ORÁCULO QUINTA FUERZA

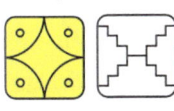

Antípoda   Destino   Análogo

Oculto

Nombre Maya: ETZNAB
Código: 18
Nota Musical: Mi
Dirección: Norte
Planeta: Neptuno
Chacra: Plexo Solar
Dedo: Cuarto del Pie Izquierdo
Arquetipo: El Yogui
Maestro de la Meditación
Acción: Reflejar
Esencia: Orden
Poder: Sinfín

Raza: Blanca - Refinar

Familia: Señal

Clan: Cielo

Célula: Matriz

DESCRIPCIÓN DEL SELLO SOLAR

El Sello Solar del Espejo Blanco representa al infinito, simboliza la inmensidad del cosmos que se encuentra tanto en nuestro ser interno como en el mundo que nos rodea. Este Sello Solar es un compendio de sabiduría, introspección y profunda conciencia. Encapsula la intrincada esencia y profundidad de todo lo que existe. El Espejo Blanco actúa como un portal, desafiándonos a mirar más allá de lo evidente y a sumergirnos en un viaje de autoexploración, buscando entender nuestra identidad y nuestra conexión con el vasto universo que nos rodea.

La Acción de Reflejar.

El Espejo Blanco nos entrega la acción de reflejar. En un sentido literal, un espejo revela todo lo que se coloca frente a él, sin sesgos ni prejuicios. Así, representa a un ente neutral, que ofrece una imagen fiel de la realidad, ofreciéndose como un silencioso testigo de la verdad.

Reflejar, sin embargo, va más allá de una simple recepción pasiva; es un llamado vibrante a la introspección. Como el salón de los espejos, este reflejo ofrece múltiples perspectivas, no sólo de nuestro exterior, sino de las profundidades ocultas de nuestro ser. Es una oportunidad de reconocernos en nuestras facetas más genuinas y descubrir la honestidad y sinceridad que a menudo se esconden detrás de las máscaras que usamos en el día a día.

En este sentido, el Espejo Blanco no sólo nos brinda una visión clara de nuestra identidad, sino que también nos desafía a enfrentar nuestras dualidades. Al igual que las dos caras de una moneda, cada ser humano encierra dualidades: luz y sombra, fuerza y fragilidad. Estas dualidades, en lugar de considerarse defectos, son una manifestación de la riqueza de la experiencia humana. En este contexto, el Espejo Blanco actúa como un cuchillo de doble filo, en el que cada lado desempeña un papel y trae consigo una lección invaluable.

A través de su acción de reflejar, el Espejo Blanco también nos presenta una oportunidad para la liberación espiritual, para cortar lo que ya no sirve, para dejar atrás los prejuicios y las ataduras que nos limitan. Es una invitación al sacrificio de nuestro ego, ampliando nuestra visión más allá de las limitadas percepciones personales, y conduciéndonos hacia un plano de conciencia superior.

De esta manera, el acto mismo de reflejar se encuentra intrínsecamente ligado a la autenticidad. Al confrontar nuestra imagen, se despierta un reconocimiento profundo de nuestra esencia y nos posicionamos en un estado de discernimiento elevado. El Espejo Blanco a través de su acción de reflejar, en definitiva, nos otorga el don de la claridad, permitiendo visualizar la realidad en su estado puro, sin alteraciones.

La Esencia del Orden.

La esencia del Espejo Blanco es el orden, un concepto que va más allá de la simple organización o disposición de elementos en un espacio. Esta esencia penetra en la fibra más íntima del cosmos, y nos revela la arquitectura de nuestra propia alma.

Si observamos el vasto universo que nos rodea, nos damos cuenta de que cada estrella, planeta y galaxia sigue un patrón específico, un ritmo preestablecido. El universo no es un caos, sino un baile meticulosamente coreografiado de cuerpos celestes. Cada uno tiene un rol, una trayectoria y un destino.

Pero el Orden no se limita únicamente al vasto cosmos exterior; tiene también una resonancia profunda en el microcosmos de nuestra propia existencia. Cada individuo, en su búsqueda de significado y propósito, anhela encontrar un orden interno, un equilibrio que le dé sentido a su vida y acciones. Esta búsqueda no es trivial. Es un camino que nos lleva a cuestionar, reflexionar y, finalmente, a comprender nuestra posición en el tejido más amplio de la existencia.

La meditación, como herramienta, representa el camino hacia el orden interno. A través de la quietud, la concentración y la contemplación, somos capaces de silenciar el ruido exterior y sintonizar con la música interior de nuestra alma. Al hacerlo, descubrimos que, al igual que el universo, también llevamos un orden dentro de nosotros. Una estructura que, aunque a veces puede parecer elusiva, siempre está presente, esperando ser descubierta y valorada.

El Espejo Blanco, a través de su esencia del orden, nos invita a una travesía transformadora. Nos desafía a mirar más allá de la superficie, tanto del universo como de nosotros mismos, para descubrir el diseño intrincado y perfecto que subyace en todo. Es un llamado a reconocer, respetar y, finalmente, a celebrar e integrar el orden en cada aspecto de nuestra vida. En esencia, el orden es el anhelo intrínseco de encontrar armonía y equilibrio en un mundo constantemente en movimiento.

El Poder del Sinfín.

El poder del Espejo Blanco es el sinfín, una fuerza que trasciende los confines temporales y espaciales de nuestra comprensión. Este concepto, que se manifiesta como eternidad, infinito y atemporalidad, nos invita a una reflexión profunda sobre la naturaleza de la existencia y el universo en el que vivimos.

Cuando nos detenemos a contemplar la vastedad del cosmos, nos encontramos con un universo que aparentemente no posee ni inicio ni término. Las estrellas que vemos brillar en el cielo nocturno han estado presentes por millones de años y continuarán brillando mucho después de que hayamos trascendido. Del mismo modo, las moléculas que forman nuestro ser han existido desde tiempos inmemoriales y seguirán existiendo en un constante ciclo de transformación. Este entendimiento del universo, como una entidad inagotable y perpetuamente dinámica, es lo que el Sinfín representa.

El ciclo eterno de la vida y la muerte también es una representación de este concepto. Como seres humanos, experimentamos nacimiento, crecimiento y finalmente la muerte. Sin embargo, aunque nuestro cuerpo físico pueda descomponerse, la energía que nos compone no desaparece; simplemente se transforma y fluye hacia nuevos ciclos, hacia nuevos comienzos.

Pero más allá de la grandiosidad del universo y el ciclo de vida, el Sinfín también tiene una resonancia profunda en nuestra esencia individual. Nos recuerda que, aunque nuestra existencia física pueda ser finita, hay un aspecto de nuestro ser que es inmortal y eterna.

El Espejo Blanco, con su poder del Sinfín, nos ofrece entonces una perspectiva que amplía nuestros horizontes y nos vincula a una realidad más vasta. Nos insta a valorar cada momento, sabiendo que somos parte de un todo interconectado, y nos inspira a buscar y reconocer lo eterno dentro de nosotros mismos. Al hacerlo, encontramos consuelo en la idea de que, si bien nuestra estancia en este mundo es transitoria, la esencia de quienes somos perdura en el eterno ciclo de la vida.

EL ESPEJO BLANCO EN LAS PERSONAS DESPIERTAS

Las personas que nacen bajo la energía del Espejo Blanco y logran sintonizarse con ella para despertarla, poseen una personalidad profundamente introspectiva, clara y equilibrada. Estas almas, con su capacidad inherente para reflejar, actúan como espejos del mundo, capturando y mostrando la verdad en su forma más pura. Son individuos que buscan constantemente la armonía entre su mundo interior y exterior, y a menudo son vistas como pilares de claridad y autenticidad en su comunidad.

Cuando están despiertos, la honestidad y sinceridad son dos de sus rasgos más destacados. Son incapaces de vivir en la mentira o la superficialidad, pues la esencia misma del Espejo Blanco los impulsa hacia la autenticidad. Esta búsqueda de la verdad no es solo hacia el exterior, sino también hacia su interior. La introspección es un camino familiar para ellos, y dedican tiempo y energía a la meditación y prácticas similares que les permiten conectarse con su esencia más profunda.

Uno de los aspectos más impresionantes de los Espejos Blancos despiertos es su capacidad para discernir. A menudo, se sienten atraídos por las prácticas espirituales que les permiten acceder a la sabiduría del universo. Tienen una habilidad innata para detectar lo que está fuera de lugar y cortar lo que ya no sirve, como si empuñaran la espada de la verdad.

El Espejo Blanco despierto también entiende la importancia de la integración de las paradojas. Reconocen que la vida está llena de contrastes, y en lugar de rechazarlos, buscan la belleza y la lección en cada dualidad. Esta comprensión les permite navegar las complejidades de la vida con gracia y sabiduría.

En definitiva, los Espejos Blancos despiertos, son increíblemente auténticas. Su presencia puede ser reveladora, y a menudo, aquellos a su alrededor se sienten inspirados a ser más honestos y claros en su propia vida. Son, en muchos aspectos, el salón de los espejos en forma humana, mostrando a las personas su verdad interior y desafiándolas a enfrentarla.

EL ESPEJO BLANCO EN LAS PERSONAS DORMIDAS

Las personas que nacen bajo la energía del Espejo Blanco, pero no logran sintonizarse con ella o despertarla, suelen lidiar con la distorsión y la confusión, perdiendo temporalmente su capacidad innata para reflejar la verdad y la autenticidad.

Estos individuos a menudo presentan dificultades para discernir la realidad de la ilusión, y suelen quedar atrapados en un laberinto de autoengaño o negación. En lugar de cortar lo que ya no sirve, suelen aferrarse a creencias y comportamientos obsoletos, resistiéndose al cambio y a la transformación.

La claridad y la honestidad, pueden verse reemplazadas por la ambigüedad y la evasión cuando están dormidos. La desconexión con su verdadera naturaleza puede llevarlos a esconder su verdadera naturaleza, ocultándose detrás de máscaras o facetas creadas para adaptarse o protegerse. Esta falta de autenticidad puede desencadenar conflictos interiores y una sensación de desconexión consigo mismos y con su entorno.

Al no estar sintonizados con su esencia, los Espejos Blancos pueden sentirse como si estuvieran perdidos en un laberinto interno, donde cada reflejo parece ofrecer una respuesta diferente. Sin un norte claro, estas personas suelen encontrarse atrapadas en un ciclo de duda y autocrítica, luchando por encontrar claridad y propósito.

A nivel interpersonal, suelen enfrentar desafíos en sus relaciones. Su naturaleza reflectante se convierte en una tendencia a proyectar sus propios problemas o inseguridades en otros, generando malentendidos o tensiones. Es posible que, sin darse cuenta, caigan en patrones de comportamiento que no les sirven, quedando atrapados en ciclos repetitivos.

Pese a los retos que enfrentan, los Espejos Blancos dormidos poseen un inmenso potencial. Aunque puedan atravesar por confusiones, también son portadores de oportunidades para el crecimiento y la transformación. Con paciencia, amor y comprensión, el Espejo Blanco siempre tiene la capacidad de despertar y redescubrir su verdadero potencial como un reflejo claro y auténtico de la verdad.

QUE HACER EN EL DÍA DEL ESPEJO BLANCO

En el día del Espejo Blanco, vive con autenticidad y claridad. Este día es un momento propicio para enfrentar las verdades que has guardado, tanto las agradables como las que preferirías evitar. Al sumergirte en esta energía, tendrás la capacidad única de reflejar y reconocer la esencia más pura de tu ser y la de los que te rodean.

El Espejo Blanco es una llamada a la introspección. Te insta a cuestionar tus percepciones y a revelar aspectos ocultos de tu ser. Deja atrás tus ideas preconcebidas y aprovecha este momento para adentrarte en un viaje de autoconocimiento y crecimiento espiritual. La energía del día naturalmente fomenta la introspección, impulsándote a explorar tu interior, a analizar y a encontrar claridad en medio de la incertidumbre.

Este día enfatiza la importancia de actuar con integridad y sinceridad. En un mundo repleto de dualidades y las paradojas, es esencial encontrar un refugio para ser auténticos. Aprovecha este día para tener esas conversaciones pendientes, aquellas que has estado posponiendo porque te exponen o te desafían. Habla desde el corazón, con comprensión y empatía, pero también con valentía y decisión.

Vive este día buscando ser transparente. El Espejo Blanco puede ser revelador, pero también es una fuente de autoconocimiento. Dedica momentos del día a prácticas que fortalezcan tu conexión con tu esencia. Puede ser tan simple como meditar con una vela encendida, enfocándote en tus intenciones, o tan profundo como un ritual de purificación para despojarte de las cargas emocionales.

En definitiva, el día del Espejo Blanco es una oportunidad para introspección, autodescubrimiento y avanzar con autenticidad. Es una invitación para vivir con transparencia, a desafiar lo superficial y a encontrar la integridad en cada acción. Abraza y valora los descubrimientos que surjan, y permite que este día sea una fuente de reflexión, autenticidad y amor incondicional.

LA TORMENTA AZUL

BASE ORÁCULO QUINTA FUERZA

Antípoda   Destino   Análogo

Oculto

Nombre Maya: CAUAC
Código: 19
Nota Musical: Fa
Dirección: Oeste
Planeta: Plutón
Chacra: Raíz
Dedo: Meñique Pie Izquierdo
Arquetipo: El Cambiador de Mundos
Maestro Alquimista, Voz de Trueno
Acción: Catalizar
Esencia: Energía
Poder: Auto-Generación

Raza: Azul - Transformar

Familia: Portal

Clan: Cielo

Célula: Matriz

DESCRIPCION DEL SELLO SOLAR

El Sello Solar de la Tormenta Azul representa a la transformación, un concepto profundamente arraigado en la naturaleza misma de la existencia y la realidad. Como una fuerza poderosa y dinámica, la Tormenta Azul encapsula los procesos de cambio, evolución, y crecimiento que son fundamentales para la vida misma. La Tormenta Azul es una manifestación viviente de cómo el cambio y la transformación son esenciales, inevitables, y hermosos en su ejecución y resultado.

La Acción de Catalizar.

La Tormenta Azul nos entrega la acción de Catalizar, una fuerza motriz que define y da vida a su naturaleza. Representa la capacidad de iniciar y acelerar cambios, actuando como un catalizador que no sólo fomenta, sino que dirige y concentra la transformación. Esta transformación es multifacética, abarcando no solo el cambio físico y tangible sino también el cambio interno, emocional y espiritual.

La Tormenta Azul en su acción de catalizar, también representa a la renovación, que fluye en una dirección que invita a la liberación de lo viejo y la acogida de lo nuevo. Esta renovación es acompañada por la iniciación del fuego, una imagen poderosa que simboliza una purificación intensa, una quema de lo que ya no sirve para dar paso a una nueva forma, más pura y refinada.

En este proceso, la acción de catalizar es como el chispazo inicial que enciende una llama. Es el primer paso en un ciclo vital, un comienzo que marca el punto de partida para una cadena de eventos que se suceden en una secuencia dinámica y continua. La Tormenta Azul no solo cataliza el cambio; es el propio cambio, una fuerza en constante movimiento y evolución.

Este ciclo vital lleva a una nueva etapa en la evolución y el crecimiento, donde cada transformación es una escalada hacia un estado superior. La catalización pone en marcha este proceso, impulsando la evolución en una dirección que se expande y se despliega en un constante estado de devenir.

Lo que hace que la acción de catalizar sea tan significativa para la Tormenta Azul es su naturaleza incesante y su capacidad para afectar todos los niveles de la existencia. No es un acto aislado ni un evento singular; es un proceso en marcha, una dinámica continua que afecta y es afectada por todo lo que la rodea. La Tormenta Azul, a través de esta acción, se convierte en un símbolo de la vida misma, una representación de cómo el cambio, la transformación y el crecimiento son inherentes a nuestra naturaleza y a la del universo en el que habitamos.

La Esencia de la Energía.

La esencia de la Tormenta Azul es la energía, una verdad profunda que habla de la naturaleza fundamental y omnipresente de la fuerza que impulsa la vida. Simboliza la vitalidad y la fuerza, dos cualidades que no solo son evidentes en su manifestación externa sino que también residen en su núcleo interno. La energía es la fuente primordial de la vida, no solo para la Tormenta Azul sino para el universo en general. No es algo que sea externo, sino que comprende y permea todas las partes del ser. La energía alimenta y nutre cada aspecto de nuestra existencia, desde permitir nuestra capacidad para movernos hasta el acto de pensar y sentir. Sin esta energía, la vida no sería débil o inerte; sería inexistente.

Lo que realmente destaca en la energía de la Tormenta Azul es la capacidad de dirección y propósito que impulsa. No es una fuerza que simplemente existe; es una fuerza que actúa, que impulsa todo hacia un estado de mayor realización y liberación. La Tormenta Azul no se contenta con ser; busca convertirse, transformarse y evolucionar. Su energía no es solo un recurso que utiliza; es un camino que sigue.

Una forma de entender la energía de la Tormenta Azul es a través de la metáfora del rayo de luz. Un rayo de luz es puro, intenso y directo; no se desvía ni se debilita. De igual manera, la energía de la Tormenta Azul es concentrada y enfocada, con una capacidad de penetración que puede iluminar incluso las sombras más profundas. Esto no es solo una manifestación física, sino también una luz que puede iluminar la conciencia, revelando verdades y realidades antes ocultas.

La energía de la Tormenta Azul es también una expresión de voluntad y deseo de crecer, cambiar y convertirse en algo más. Es una declaración de su naturaleza intrínseca y una afirmación de su lugar en el universo. Es una fuerza que no se puede negar ni ignorar, y que se revela no solo en las acciones y los eventos que inicia, sino en la manera en que las vive. Es la vida misma, en su forma más pura y esencial, manifestándose en una entidad que es a la vez única y universal.

El Poder de la Auto-Generación.

El poder de la Tormenta Azul es la auto-generación, una manifestación profunda y dinámica de la capacidad de regenerar y renovar desde el interior. No se trata solo de una reconstrucción superficial o un cambio temporal; es una transformación completa y fundamental que se origina en lo más profundo del ser. Nos enseña que la verdadera fuerza no viene de fuera, sino desde dentro, y nos revela que la capacidad de adaptarse y evolucionar es una parte vital de lo que significa estar vivos.

La Tormenta Azul se nutre de sí misma. No requiere fuentes externas de energía o estímulo; encuentra todo lo que necesita dentro de su propia existencia. Este proceso mágico desafía la lógica convencional. La Tormenta Azul se convierte en una entidad autosuficiente y autónoma que vive y evoluciona según sus propios términos.

La auto-generación la podemos asociar también a la idea de la metamorfosis. La metamorfosis no es simplemente un cambio de forma, sino una reorganización y una reconfiguración completa de la esencia. Como la oruga que se convierte en mariposa, la Tormenta Azul pasa por etapas de desarrollo que son radicales y fundamentales, cambiando no solo su apariencia sino su naturaleza y función.

La evolución constante es otra dimensión del poder de la Tormenta Azul. No hay un estado final o una forma definitiva; hay solo un proceso continuo de crecimiento, adaptación y transformación. La Tormenta Azul nunca se estanca ni se queda quieta; está en un flujo constante, respondiendo y adaptándose a los ciclos y a las circunstancias cambiantes.

La auto-generación también simboliza la regeneración eterna, una cualidad casi divina de perpetuidad y continuidad. No hay fin para la Tormenta Azul, no hay límites o barreras que no pueda superar. Su capacidad para renovarse constantemente significa que puede enfrentar cualquier desafío, superar cualquier obstáculo y seguir adelante con una fuerza y una resiliencia inquebrantables. Es una representación de la infinita capacidad de regeneración que reside en todos los seres.

LA TORMENTA AZUL EN LAS PERSONAS DESPIERTAS

Las personas que nacen bajo la energía de la Tormenta Azul y logran sintonizarse con ella para despertarla, poseen una personalidad con una poderosa habilidad para catalizar y transformar. Su naturaleza dinámica les facilita inducir cambios, acelerar procesos y precipitar nuevas etapas en la vida.

Cuando están despiertas, irradian vitalidad y renovación constante. Su habilidad para regenerarse les permite adaptarse continuamente a nuevos entornos y situaciones. Son verdaderos maestros en la purificación y regeneración, dejando atrás lo que ya no sirve y abrazando los cambios positivamente. Su energía vital es contagiosa, y su presencia a menudo se percibe como una fuerza inspiradora y dinámica.

Las Tormentas Azules despiertas son también seres de fuerza y expansión. No se contentan con quedarse en un lugar; su energía inagotable les empuja hacia nuevos horizontes, descubriendo nuevas posibilidades y profundizando en su comprensión y consciencia.

Cuando están sintonizados, encuentran la serenidad en el centro del huracán. En medio de la turbulencia y el cambio constante, valoran la paciencia y la calma, navegando a través de los ciclos de tiempo con serenidad y gracia.

Las Tormentas Azules despiertas también muestran una gran capacidad para revelar y activar. Son capaces de descubrir verdades ocultas, de recibir descargas de energía que activan nuevas comprensiones, y de moverse rápidamente, pero con propósito hacia una mayor realización.

En definitiva, las Tormentas Azules despiertas son agentes de cambio y renovación. Son verdaderos catalizadores, maestros de la transformación y portadores de una energía inagotable. Su capacidad para moverse, crecer y guiar a otros hacia un estado de mayor conciencia y realización es una de sus mayores fortalezas. Son guías en la evolución, fuentes de vida y energía, y seres únicos y poderosos que vibran con los ritmos del universo, siempre en movimiento, siempre expandiéndose.

LA TORMENTA AZUL EN LAS PERSONAS DORMIDAS

Las personas que nacen bajo la energía de la Tormenta Azul, pero no logran sintonizarse con ella o despertarla, suelen encontrarse en un estado de confusión o estancamiento. Aunque la potencialidad de catalizar y transformar está presente en su vida, la falta de conexión suele llevarlos a una sensación de inercia.

Cuando están dormidas, suelen sentirse atrapadas en ciclos repetitivos, sin la capacidad de liberarse o progresar hacia una nueva etapa. La fuerza y vitalidad que caracterizan a la Tormenta Azul pueden quedar reprimidas, resultando en una falta de energía y entusiasmo.

Además, aquellas Tormentas Azules que se encuentran dormidas, a menudo pueden encontrar dificultades en soltar lo que ya no les sirve. La metamorfosis y la renovación, que son aspectos clave de esta energía, pueden parecer inalcanzables. La resistencia al cambio puede ser fuerte, y la capacidad para purificar y regenerar se ve obstaculizada.

Cuando están dormidos, la expansión y crecimiento que deberían ser naturales pueden convertirse en retos insuperables. La quietud que acostumbra a encontrar en el medio del caos, puede transformarse en una calma paralizante, donde la paciencia se convierte en complacencia y la falta de movimiento, en parálisis.

Estas personas también suelen tener dificultades en encontrar su luz, esa guía interna que ilumina el camino. La desconexión con su energía a menudo los lleva a una pérdida de dirección y propósito.

Las Tormentas Azules dormidas son, en última instancia, seres con un potencial inmenso que aún no ha sido activado. La energía siempre se encuentra presente, pero la conexión con ella suele estar bloqueada o mal dirigida. Sin embargo, cuentan con todo el potencial para transformarse y convertirse en poderosos agentes de cambio y renovación, solo deben activarse y comenzar a ser transformadores de realidades.

QUE HACER EN EL DÍA DE LA TORMENTA AZUL

En el día de la Tormenta Azul, vive con intención y propósito. Esta energía nos invita a abrazar el cambio, a ser agentes de transformación, y a canalizar nuestro poder interno para crear renovación en nuestras vidas. Es una fuerza que nos motiva a dejar atrás lo que ya no sirve, a purificar nuestras intenciones y a adaptarnos a los nuevos entornos y situaciones con vitalidad y gracia. Absorbe su poder, deja que te guíe y te inspire.

El día de Tormenta Azul es una invitación a ser audaz, a desafiar tus propios límites y a descubrir nuevas posibilidades. Rompe con tus rutinas diarias; en su lugar, busca oportunidades para expandir tus horizontes, aprender algo nuevo y desarrollarte personal y espiritualmente. La expansión es natural bajo esta energía, así que acoge el deseo de avanzar, de explorar, y de alcanzar nuevas alturas.

La Tormenta Azul también nos recuerda el valor de la paciencia y la calma. En medio de la turbulencia y el cambio constante, es crucial encontrar un lugar de serenidad. En los momentos de agitación, respira profundamente, encuentra tu quietud interior y navega a través de los desafíos con gracia. Recuerda que, al igual que en el ojo de una tormenta, siempre hay un espacio de paz y tranquilidad.

Vive este día con una perspectiva positiva. La Tormenta Azul puede ser intensa, pero también es una fuente de energía inagotable. Utiliza esta vitalidad e irradia a los demás con tu entusiasmo y pasión. Sé una fuerza inspiradora para quienes te rodean. Ayuda a otros a ver las oportunidades que se presentan con el cambio, y juntos, como colectivo, se moverán hacia un estado de mayor conciencia y realización.

El día de la Tormenta Azul es una oportunidad para transformarnos, renovarnos y avanzar con propósito. Es un día para ser valiente, para desafiar lo convencional, y para encontrar la belleza en cada momento. Valora y agradece las lecciones aprendidas. Vive con intención, abraza la transformación, y permítete ser guiado por el poder de la Tormenta Azul.

EL SOL AMARILLO

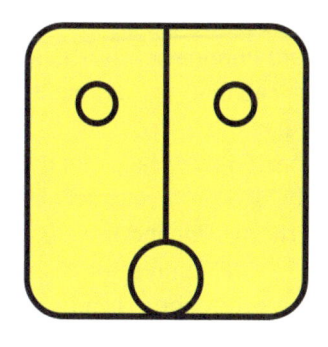

BASE ORÁCULO QUINTA FUERZA

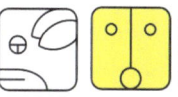

Antípoda Destino Análogo

Oculto

Nombre Maya: AHAU
Código: 20 o 0
Nota Musical: Sol
Dirección: Sur
Planeta: Plutón
Chacra: Corona
Miembro: Dedo pulgar mano derecha
Arquetipo: El Iluminado
El Renovador de la Vida, El Despierto
Acción: Iluminar
Esencia: Vida
Poder: Fuego Universal

Raza: Amarilla - Madurar

Familia: Polar

Clan: Fuego

Célula: Matriz

DESCRIPCION DEL SELLO SOLAR

El Sello Solar del Sol Amarillo representa la fuente de la vida. Como la estrella más cercana a nuestro planeta y la fuerza dominante en nuestro Sistema Solar, el Sol nos brinda la luz y el calor indispensables para la vida tal como la conocemos. Este Sello revela una energía brillante y espiritual que no solo ilumina nuestra consciencia, sino que también funciona como generador de vida y como una presencia que transmite calor y brillo en nuestra existencia. Al hacerlo, también alimenta nuestro deseo de crecimiento, comprensión y realización personal.

La Acción de Iluminar.

El Sol Amarillo nos entrega la acción de iluminar, un concepto mucho más amplio que trasciende la mera iluminación física. Se trata de una iluminación integral que abarca los dominios espiritual, mental y emocional, así como el plano físico.

Desde el ámbito espiritual, esta iluminación toma la forma del despertar y la consciencia. Aporta la habilidad para ver más allá de las ilusiones de la realidad superficial, llegando a una comprensión más profunda del ser y del universo. Esta iluminación espiritual se encuentra fuertemente ligada a conceptos como la sabiduría y el conocimiento, pilares que fundamentan nuestra búsqueda de significado y propósito. De manera similar, proporciona un camino hacia la enseñanza y el aprendizaje, no sólo como receptor sino también como transmisor de luz. En este papel, el Sol Amarillo se levanta como un maestro y un líder, no solo al impartir conocimiento sino también al servir como un ejemplo viviente de la sabiduría en acción.

La iluminación mental es otro componente crucial. La mente humana es un laberinto de pensamientos, emociones y percepciones que a menudo nos llevan a estados de confusión o duda. Aquí es donde la capacidad del Sol Amarillo para focalizar y clarificar la mente entra en juego. Esta energía nos permite centrar nuestra atención, aclarar nuestras metas y prioridades, y disipar las nubes de incertidumbre que oscurecen nuestro juicio.

Esta capacidad para focalizar y clarificar se convierte en un acto liberador. Libera el potencial humano y lo dirige hacia la realización y la autotrascendencia. Conduce a una acción que es profunda y transformadora, generando un ciclo virtuoso de crecimiento y evolución. La iluminación, en este sentido, no es un estado estático sino un proceso continuo.

La acción de iluminar del Sol Amarillo funciona, en definitiva, como un faro que atrae y guía, un foco de atracción alrededor del cual todo lo demás orbita. Es una luz que no solo ilumina el camino, sino que también transforma, preparándonos para nuestra continua evolución en seres más conscientes y plenos.

La Esencia de la Vida.

La esencia del Sol Amarillo es la vida. Más que un simple astro que ilumina y da calor, es la fuerza vital que alimenta la existencia en sus múltiples dimensiones. Su energía omnipresente estimula no solo los procesos biológicos, sino también la dinámica de pensamiento y el espíritu, propulsando un ciclo incesante de nacimiento, desarrollo y renovación. Cada rayo de luz, cada pulsación solar, nos sirve como recordatorio de nuestra conexión inherente con el universo y la belleza de la naturaleza.

Esta conexión es mucho más que una relación física; representa un lazo espiritual que nos vincula con la totalidad del cosmos. Nos brinda un sentido de pertenencia, responsabilidad y propósito en nuestra existencia. Desde esta fuente inagotable, emanan la inspiración y el amor que nos motivan a vivir en sintonía con todo lo que nos rodea.

Sin embargo, el Sol Amarillo no es meramente un símbolo de vitalidad y conexión; su esencia también cataliza un nivel más alto de consciencia. En este sentido, aspectos como la gratitud, el perdón y la liberación dejan de ser estados emocionales pasajeros para convertirse en pilares activos de una vida plena. La gratitud se convierte en una forma de interactuar con el mundo que amplía nuestro entendimiento y aprecio por todo lo que experimentamos. El perdón actúa como un acto de purificación interna, liberando la luz de nuestra esencia para que pueda resplandecer sin obstáculos.

El Sol Amarillo nos ofrece un modelo ideal para nuestra propia existencia: una vida que se vive con la intensidad y persistencia de una llama que nunca se apaga, combinada con una profunda conciencia de nuestro papel en el desarrollo tanto personal como colectivo. Este estado de ser nos mantiene abiertos al asombro, nos sumerge en la gratitud y nos impulsa hacia la liberación y el crecimiento espiritual.

En definitiva, la esencia del Sol Amarillo no es sólo un símbolo, sino una llamada a la acción. Nos invita a vivir de manera plena y consciente, a resonar con la energía que lo impulsa y a ser agentes de luz, amor y sabiduría en el universo.

El Poder del Fuego Universal.

El poder del Sol Amarillo es el Fuego Universal. Este concepto va mucho más allá de la simple combustión química o la radiación térmica; se trata del fuego como un símbolo sagrado de consciencia, espiritualidad y dignidad humana. En diversas culturas y tradiciones espirituales, el fuego ha sido siempre considerado como algo purificador, un elemento que no solo destruye sino que también regenera y renueva. Así, el Fuego Universal es el núcleo ardiente que impulsa nuestra creatividad, fomenta la fidelidad a nuestros principios y facilita la plena realización de lo que conocemos como el Cuerpo Solar, un estado de ser en el que nuestra existencia física y espiritual se encuentran en perfecta armonía.

La idea del Fuego Universal también se relaciona estrechamente con conceptos avanzados de la espiritualidad, como la Mente Solar y la Consciencia Crística. La Mente Solar es la forma más elevada de consciencia, un estado de comprensión y sabiduría en el que cada pensamiento, palabra y acción están alineados con el bienestar más elevado para todos. La Consciencia Crística, por su parte, es un estado de amor incondicional y compasión universal, que es considerado como el pináculo de la evolución espiritual. Cuando hablamos de estos términos en relación con el Fuego Universal, abogamos por una transformación profunda que va más allá de la superficie de nuestra existencia cotidiana, empujándonos hacia un estado de maestría espiritual y realización personal.

El fuego, en esta conceptualización elevada, se convierte en un agente de cambio. No es un fuego que consume imprudentemente, sino que purifica y refina. De manera análoga, este fuego espiritual actúa sobre nuestras impurezas, nuestros temores y nuestras dudas, transformándolos en una fuerza para el bien, en una fuente de luz y amor. En última instancia, nos lleva a un estado de maestría, donde cada aspecto de nuestro ser, tanto físico, mental, emocional y espiritual se encuentran en una simbiosis perfecta, trabajando en armonía para alcanzar un estado de realización completa.

EL SOL AMARILLO EN LAS PERSONAS DESPIERTAS

Las personas que nacen bajo la energía del Sol Amarillo y logran sintonizarse con ella para despertarla, se caracterizan por una vitalidad y luminosidad que van más allá de la mera apariencia. Su presencia es a menudo comparada con la de faros luminosos, iluminando y guiando a quienes tienen la fortuna de cruzarse en su camino. Estas personas no solo cuentan con una gran sabiduría y claridad, sino que también poseen un profundo sentido de propósito; son agentes de cambio que buscan no solo elevarse a sí mismos, sino también elevar a los demás.

Uno de los rasgos más sobresalientes de los Soles Amarillos despiertos es su profundidad espiritual y conexión cósmica. Para ellos, la espiritualidad no es un mero accesorio en su vida, sino más bien su esencia o núcleo. Son individuos que buscan constantemente desentrañar los misterios de la existencia y avanzar en su camino espiritual. La iluminación no es para ellos un objetivo distante, sino más bien una experiencia cotidiana que se manifiesta en cada pensamiento, en cada palabra y en cada acción.

La vitalidad que irradia un Sol Amarillo despierto toma diversas formas, siendo una de las más notables su actitud positiva y optimista hacia la vida. Su forma de ver el mundo siempre está llena de asombro y gratitud, lo que los hace seres alegres y, en muchas ocasiones, contagiosamente felices. Su alegría no es meramente para sí mismos; buscan y logran inspirar felicidad en los demás. Su conexión con la energía del Sol Amarillo también les otorga una capacidad excepcional para practicar el perdón como una forma de liberación y crecimiento, permitiéndoles dejar atrás las cargas que puedan oscurecer su luz interior.

Finalmente, los Soles Amarillos despiertos muestran una integridad y honestidad inquebrantables. No buscan validación externa; su autoestima y confianza surgen de una profunda conexión interna y un autoconocimiento que va más allá de la superficialidad cotidiana. Esto les permite actuar desde un lugar de autenticidad, lo que a su vez inspira confianza y respeto en aquellos que los rodean.

EL SOL AMARILLO EN LAS PERSONAS DORMIDAS

Las personas que nacen bajo la energía del Sol Amarillo, pero que se encuentran dormidas debido a que no logran sintonizarse con ella, experimentan una falta de vitalidad e iluminación. Suelen sentirse atrapadas en la oscuridad, desconectadas de la alegría y la creatividad. La falta de claridad y dirección es común en ellos, y suelen sentirse perdidos, confundidos y plagados de inseguridades.

Para los Soles Amarillos dormidos, la vida puede parecer monótona y sin sentido; la energía puede ser escasa en ocasiones, y la alegría y gratitud, difíciles de encontrar. Su creatividad innata también se ve afectada, y las ideas, la innovación y la exploración pueden ser reemplazadas por la rigidez y el temor al cambio.

Cuando los Soles Amarillos no están sintonizados con su energía, la guía de sabiduría que poseen se puede tornar manipuladora y engañosa. En lugar de iluminar y liberar, pueden llegar a embaucar a otros a través de su conocimiento, utilizándolo no como un camino hacia la verdad, sino como una herramienta para el control y la manipulación.

Además, cuando están dormidos, los Soles Amarillos acostumbran llevar sus vidas con falta de empatía y comprensión. En este estado, suelen enfrentar dificultades en la comunicación y la conexión emocional, y pueden sentirse aislados y solos. Su amor puede estar condicionado o limitado, y pueden experimentar obstáculos para dar y recibir libremente.

Pero incluso en este estado dormido, la vibración del Sol Amarillo sigue siendo una fuerza subyacente en sus vidas. En ocasiones, experimentan destellos de lo que podrían ser: sean estos momentos de claridad, amor incondicional o creatividad. Estos instantes actúan como recordatorios silenciosos de su verdadero potencial. El despertar de esta energía es un viaje de autodescubrimiento y crecimiento, un recordatorio de que la luz siempre está presente, incluso en la oscuridad más profunda. Es un proceso que requiere tiempo, paciencia y, sobre todo, la voluntad de enfrentar y trascender las sombras internas que impiden que su luz brille con toda su intensidad.

QUE HACER EN EL DIA DEL SOL AMARILLO

En el día del Sol Amarillo, vive con plena consciencia de la luz, alegría, sabiduría y amor que te rodean. Este es un día propicio para actuar con claridad, optimismo y empatía, para abrazar la plenitud de la vida y para permitir que tu propia luz brille intensamente.

La energía del Sol Amarillo está ahí para inspirarte. Haz un esfuerzo consciente para recordar que la auténtica alegría no depende de circunstancias externas, sino de tu conexión con tu propia esencia. Independientemente de los desafíos o los obstáculos que puedas enfrentar, mantén tu enfoque en lo positivo. Cada momento es una oportunidad para irradiar luz y felicidad, tanto para ti como para los demás.

Además, este es un día perfecto para hacer un viaje interior. Tómate tiempo para reflexionar, meditar y cultivar tu propio crecimiento. La energía del Sol Amarillo te invita a mirar dentro de ti y descubrir tu potencial ilimitado. Actúa y piensa con autenticidad; cada pensamiento y acción son oportunidades para revelar tu luz interior y ser genuinamente tú mismo.

No olvides que la energía del Sol Amarillo es una llamada a la evolución personal y espiritual. Mantente fiel a tus creencias y objetivos, fomenta un pensamiento innovador y busca constantemente formas de elevar tu espíritu.

Este es también un día ideal para la sanación y el perdón. Utiliza la claridad y la luz que el Sol Amarillo ofrece para iluminar y liberar las sombras internas que podrían estar impidiendo que tu luz brille al máximo. Practica el auto-perdón y extiéndelo hacia los demás; al hacerlo, no solo te liberarás de cargas emocionales sino que fortalecerás tu conexión con esta energía solar.

Por último, en el día del Sol Amarillo, sé la luminosidad que quieres ver en el mundo. Utiliza tu imaginación y creatividad para comprender más profundamente quién eres y para percibir el mundo a tu alrededor desde una nueva perspectiva. Comparte tu luz con los demás; tu positividad y alegría pueden servir como fuente de inspiración y guía. Al hacerlo, no solo te elevarás, sino que también contribuirás a un mundo más luminoso y amoroso.

CAPITULO II

LOS TONOS GALÁCTICOS

EL TONO MAGNÉTICO

●

Nombre Maya: HUN
Código: 1
Pulsar: 4ta Dimensión del Tiempo
Función: Propósito
Acción: Atraer
Poder: Unificar
Pregunta: ¿Cuál es mi propósito?

DESCRIPCION DEL TONO GALACTICO.

El Tono Magnético nos pregunta: ¿Cuál es mi propósito? Esta interrogante es un llamado a la acción y a la reflexión profunda. Este tono nos invita a sintonizar con la vibración de unidad y atracción. Su esencia indivisible de unicidad lo convierte en un imán poderoso que atrae todo lo necesario para cumplir con un objetivo específico. Su poder radica en su capacidad para unificar, atraer y establecer un propósito claro. Al hacerlo, se convierte en el principio y origen de una expansión en todas las direcciones.

La Función del Propósito.

La función del Tono Magnético es entregar el propósito. Este tono simboliza el número uno, el principio y origen de todo. En este sentido, el uno puede ser relacionado con el primer pensamiento que surge, que da origen a todos los demás números y conceptos. Al establecer un propósito, el Tono Magnético actúa como el centro alrededor del cual todo lo demás gira. Es la gestación de un objetivo, la dirección y el camino que se deben seguir. Es el impulso asertivo que inicia la ejecución de algo, estableciendo la meta y el objetivo que guiarán todo lo demás.

La Acción de Atraer.

La acción que define al Tono Magnético es la de atraer. Como un imán, este tono atrae todo lo que se requiere para unificarse con su propósito y unirse totalmente a él. La atracción no es solo un acto físico, sino también una expansión en todas las direcciones, abriendo el camino para que fuerzas naturales lo apoyen. Este tono tiene un carácter asertivo en su empuje, concentrando energías y recursos hacia el centro, hacia ese propósito que se ha establecido.

El Poder de Unificar.

El poder del Tono Magnético es unificar. Este tono tiene la energía de unidad y atracción, y su poder reside en su capacidad para unificar todo lo que ha atraído hacia su propósito. En este acto de unificación, el Tono Magnético revela su esencia indivisible, recordándonos que todos somos uno. Al unificar, establecemos coherencia, creando un todo cohesivo a partir de las partes que ha atraído.

QUE HACER EL DIA DEL TONO MAGNÉTICO

En el día del Tono Magnético, hay tres elementos clave a considerar para guiar nuestras acciones: establecer un propósito claro, atraer los recursos y apoyos necesarios, y unificar todos los elementos para lograr ese propósito. Inicia tu día dedicando un momento para clarificar tu objetivo o meta. Luego, emplea tu capacidad de atracción para reunir todo lo que necesitas; esto puede incluir personas, recursos o incluso situaciones que te ayuden a avanzar. Finalmente, recuerda el poder de unificar. Combina todas las piezas que has atraído y dirígelas en una dirección coherente. Al seguir estos pasos, no solo te alinearás con tu objetivo, sino que también abrirás el camino para que fuerzas naturales te apoyen en tu proceso de expansión.

EL TONO LUNAR

● ●

Nombre Maya: KA
Código: 2
Pulsar: 1era Dimensión de la Vida
Función: Desafío
Acción: Estabilizar
Poder: Polarizar
Pregunta: ¿Cuál es mi desafío?

DESCRIPCION DEL TONO GALACTICO.

El Tono Lunar nos plantea la pregunta: ¿Cuál es mi desafío? Esta interrogante aparece como un umbral entre la percepción y la acción, sirviendo como un catalizador que estabiliza y polariza los elementos necesarios para abordar un reto concreto. Este tono no solo simboliza la interacción entre desafíos y soluciones, sino que también actúa como un rayo pulsante de polaridad, orientando las circunstancias y elementos de la vida hacia un equilibrio y estabilidad. Su poder se manifiesta en su capacidad para superar obstáculos y mantener un curso constante y perseverante en la vida.

La Función del Desafío.

La función del Tono Lunar es entregar el desafío. El desafío nos plantea una oportunidad para crecer y expandir nuestro potencial y espiritualidad. En este contexto, la dualidad emerge como un prisma a través del cual se experimenta la vida. Es el número dos, la puerta entre la unidad y lo infinito, que pone en perspectiva todos los extremos, las dificultades y las polaridades inherentes en nuestra existencia.

La Acción de Estabilizar.

La acción que define al Tono Lunar es la de estabilizar. Una vez que se ha reconocido el desafío, debemos estabilizarlo. Esto implica mantener un estado de equilibrio que permita afrontar el reto del camino escogido con eficacia. La estabilización es un acto constante y perseverante que utiliza la polaridad para lograr una alianza cooperativa entre elementos aparentemente opuestos. Este tono cuenta con la facultad de orientar la expansión de los elementos en la dirección necesaria de manera efectiva.

El Poder de Polarizar.

El poder del Tono Lunar es polarizar. Este poder busca dar forma y significado al desafío a través del acto de polarizar. Al enfrentar lo opuesto, uno encuentra una posición de equilibrio. Se aprende a agradecer la visión y conciencia que la polaridad trae a la vida, fortaleciendo las partes más profundas del ser. En este sentido, la simetría dual de la vida y el principio dual generador se convierten en las bases para lograr una forma de equilibrio duradero.

QUE HACER EL DIA DEL TONO LUNAR

En el día del Tono Lunar, hay tres elementos clave a considerar para guiar nuestras acciones: enfrentar el desafío presente, buscar la estabilidad necesaria y polarizar nuestras experiencias. Inicia tu día tomando un momento para identificar el desafío o reto en tu vida que necesita atención. Luego, realiza acciones concretas para estabilizar las circunstancias que rodean ese desafío; esto podría implicar buscar equilibrio emocional, aclarar tu enfoque o construir alianzas. Finalmente, emplea el poder de la polaridad para dar forma y dirección a tu desafío, integrando los opuestos para hallar una solución equilibrada. Al seguir estos pasos, te posicionarás mejor para no solo enfrentar sino también aprovechar los desafíos que la vida te va presentando.

EL TONO ELÉCTRICO

● ● ●

Nombre Maya: OX
Código: 3
Pulsar: 2da Dimensión de los Sentidos
Función: Servicio
Acción: Vincular
Poder: Activar
Pregunta: ¿Cuál es mi servicio?

DESCRIPCION DEL TONO GALACTICO.

El Tono Eléctrico nos plantea la pregunta: ¿Cuál es mi servicio? Esta interrogante sirve como un puente entre la intención y la acción, activando y vinculando los elementos necesarios para prestar un servicio significativo. Este tono no solo simboliza la interacción entre el servicio y la colectividad, sino que también actúa como un rayo pulsante de ritmo, dirigiendo las energías y recursos hacia un flujo de creatividad y cambio. Su poder reside en su capacidad para activar y movilizar, manteniendo un curso dinámico y proactivo en la vida.

La Función del Servicio.

La función del Tono Eléctrico es ofrecer el servicio. El servicio simboliza al número tres, un principio vinculante que une y activa, generando un dinamismo esencial para cualquier forma de servicio. En este contexto, el número tres actúa como un principio trascendental que expresa nuestra gratitud por vivir y aprender en este planeta. Simboliza el triángulo de la Sagrada Trinidad, que brinda perspectiva sobre la integración de talentos, energías y recursos en nuestra existencia.

La Acción de Vincular.

La acción que define al Tono Eléctrico es vincular. Una vez que hemos reconocido el servicio, debemos vincularlo. Esto implica crear líneas de acción claras para reunir los recursos y energías necesarias para ofrecer un servicio efectivo. Esta acción es un acto constante y consciente que utiliza la corriente de energía para lograr una integración efectiva entre elementos aparentemente dispares. Este tono tiene la facultad de orientar el flujo de recursos y energías en la dirección necesaria de manera efectiva.

El Poder de Activar.

El poder del Tono Eléctrico es activar. Este poder busca dar significado al servicio a través del acto de activación. Al activar los elementos vinculados, uno logra un estado de flujo y movimiento. Se aprecia la creatividad y la energía que la activación brinda a la vida, fortaleciendo las partes más profundas del ser. En este sentido, el dinamismo y la corriente de energía se convierten en las bases para lograr un servicio duradero y significativo.

QUE HACER EL DIA DEL TONO ELÉCTRICO

En el día del Tono Eléctrico, hay tres elementos clave a considerar para guiar nuestras acciones: identificar nuestro servicio, vincular lo necesario para realizar ese servicio, y activar todo lo vinculado para dar forma a ese servicio. Inicia tu día tomando un momento para reflexionar sobre el servicio que estás ofreciendo, especialmente en relación al proceso que estás atravesando. Luego, realiza acciones concretas para vincular lo necesario para ese servicio; esto podría implicar trazar líneas de acción claras que te ayuden a realizar tu servicio de manera efectiva. Finalmente, emplea el poder de activar todo lo vinculado para dar forma a ese servicio. Al seguir estos pasos, pondrás en marcha todas las piezas necesarias para establecer un ritmo natural a tu servicio, asegurando así una entrega efectiva y significativa que resuene tanto contigo como con los demás.

EL TONO AUTO-EXISTENTE

● ● ● ●

Nombre Maya: KAN
Código: 4
Pulsar: 3era Dimensión de la Mente
Función: Forma
Acción: Medir
Poder: Definir
Pregunta: ¿Cuál es la forma de mi servicio?

DESCRIPCION DEL TONO GALACTICO.

El Tono Auto-Existente nos plantea la pregunta: ¿Cuál es la forma de mi servicio? Este tono actúa como un catalizador que nos lleva desde la idea abstracta hasta la manifestación concreta, guiándonos a través del proceso de dar forma, medir y definir nuestra existencia y propósitos. Representa el número cuatro, la base estructural de toda manifestación y el primer número que simboliza el poder del tiempo. En otras palabras, nos ayuda a cristalizar nuestras intenciones en acciones y resultados medibles.

La Función de la Forma.

La función del Tono Auto-Existente es entregar la forma. En este contexto, la forma no es solo una estructura física, sino que se convierte en un modelo o patrón que se manifiesta no solo en nuestra vida cotidiana, sino también en nuestras aspiraciones, relaciones y en la manera en que interactuamos con el mundo. Esta función también simboliza el poder del movimiento. Por ejemplo, las cuatro extremidades y los cuatro elementos se unen para crear una base sólida, permitiéndonos entender cómo llevar a cabo nuestro propósito de manera efectiva.

La Acción de Medir.

La acción que define al Tono Auto-Existente es medir. Medir es el acto de determinar una cantidad en relación con una unidad, permitiendo un entendimiento más profundo de la dimensión de las cosas. Este acto de medición es crucial para establecer un orden y tomar decisiones informadas. La medida nos da el poder de discernimiento, permitiéndonos ver cómo nuestras acciones, pensamientos y emociones se alinean con nuestra forma ideal.

El Poder de Definir.

El poder del Tono Auto-Existente es definir. Definir es el acto de establecer límites claros y significados precisos para las cosas, permitiendo una manifestación más auténtica de nuestra forma y propósito. Este poder nos da la autoestima y el autoconocimiento necesarios para ser percibidos como realmente somos. A través de la definición, nos volvemos más receptivos y confiados en la forma que es canalizada a través de nosotros, permitiendo una generación y creación más alineadas con nuestro ser auténtico.

QUE HACER EL DIA DEL TONO AUTO-EXISTENTE

En el día del Tono Auto-Existente, hay tres aspectos clave a tener en cuenta para guiar nuestras acciones: para dar forma, debemos medir lo necesario para lograr esa forma, y así poder definir todo lo medido para alcanzar esa forma. Inicia tu día dedicando un momento para reflexionar sobre la forma de tu servicio o propósito en la vida. Luego, realiza medidas concretas para evaluar lo necesario para dar forma a ese servicio o propósito. Esto podría implicar hacer una lista de tareas, establecer metas a corto y largo plazo, o incluso medir recursos como tiempo y energía. Finalmente, emplea el poder de definir para establecer límites claros y significados precisos en todo lo que estás haciendo. Al seguir estos pasos, construirás una base sólida y bien definida que no solo dará forma a tu servicio, sino que te permitirá adaptarte y crecer de manera sostenible.

EL TONO ENTONADO

Nombre Maya: HO
Código: 5
Pulsar: 4ta Dimensión del Tiempo
Función: Radiancia
Acción: Comandar
Poder: Conferir Poder
Pregunta: ¿Cómo puedo mejorar mi autoridad?

DESCRIPCION DEL TONO GALACTICO.

El Tono Entonado nos plantea la pregunta: ¿Cómo puedo mejorar mi autoridad? Este tono actúa como un faro de poder y liderazgo, guiándonos desde la introspección hacia la acción concreta. Nos lleva a través del proceso de irradiar nuestra esencia, comandar recursos y conferir poder tanto a nosotros mismos como a los demás. Representa al número cinco, el pilar de la dinámica y la quinta fuerza que sintoniza con el tiempo como factor de sincronización. En otras palabras, nos ayuda a potenciar nuestra autoridad y a manifestar nuestro potencial.

La Función de la Radiancia.

La función del Tono Entonado es entregar la radiancia. En este contexto, la radiancia no es solo una emisión de luz, sino que se convierte en una energía que se manifiesta no solo en nuestra presencia física, sino también en nuestras interacciones y en la forma en que influenciamos a los demás. Simboliza la potencia de nuestra fuerza interior que nos permite centrar nuestras energías y expandir nuestra influencia, permitiéndonos entender cómo ejercer nuestra autoridad de manera efectiva.

La Acción de Comandar.

La acción que define al Tono Entonado es comandar. Comandar es el acto de liderar y adquirir los recursos necesarios para alcanzar nuestros objetivos. Este acto de comando es crucial para establecer una dirección y tomar decisiones informadas. El comando nos da el poder de integración, permitiéndonos ver lo que hemos realizado para tomar las decisiones necesarias y reunir los recursos que nos llevarán a desarrollar nuestro potencial.

El Poder de Conferir Poder.

El poder del Tono Entonado es conferir poder. Conferir poder es el acto de otorgar autoridad y capacidad tanto a uno mismo como a los demás, permitiendo una manifestación más auténtica de nuestra autoridad y liderazgo. Este poder nos da la confianza y el autoconocimiento necesarios para ser percibidos como líderes auténticos. A través de conferir poder, nos volvemos más seguros y efectivos en el liderazgo que es canalizado a través de nosotros, permitiendo una gestión y creación más alineadas con nuestra esencia.

QUE HACER EL DIA DEL TONO ENTONADO

En el día del Tono Entonado, hay tres aspectos clave a tener en cuenta para guiar nuestras acciones: para generar la radiancia, debemos comandar lo necesario para alcanzar esa radiancia, y conferir el poder necesario para reunir los recursos que se requieren para lograr la radiancia que se busca. Inicia tu día dedicando un momento para reflexionar sobre tu autoridad y cómo puedes mejorarla. Luego, realiza medidas concretas para reunir los recursos necesarios para potenciar esa autoridad. Finalmente, confiere el poder necesario para otorgar autoridad y capacidad a ti mismo y a los demás. Al seguir estos pasos, establecerás un ciclo virtuoso de liderazgo y autoridad que te llevará a comandar tu experiencia de una manera más equilibrada.

EL TONO RITMICO

Nombre Maya: UAK
Código: 6
Pulsar: 1era Dimensión de la Vida
Función: Igualar
Acción: Equilibrar
Poder: Organizar
Pregunta: ¿Cómo puedo organizar para igualar?

DESCRIPCION DEL TONO GALACTICO.

El Tono Rítmico nos plantea la pregunta: ¿Cómo puedo organizar para igualar? Este Tono actúa como un catalizador en la búsqueda de equilibrio en nuestras vidas, a través de la organización y la igualdad. Nos ofrece una oportunidad para encontrar armonía, equilibrio orgánico y un orden inherente en el caos de la existencia. Representa al número seis, un número que simboliza la unión de polaridades y el principio fundamental de organización. En otras palabras, nos ayuda a potenciar nuestra capacidad para crear equilibrio y a organizar nuestros procesos.

La Función de la Igualdad.

La función del Tono Rítmico es entregar la igualdad. La igualdad se manifiesta como un principio de equilibrio dinámico que nos invita a abrazar e integrar la diversidad. En este contexto, la igualdad nos brinda la oportunidad de recibir y dar en medidas iguales, tomando en cuenta los tiempos y prioridades de cada elemento involucrado. En este sentido, la igualdad es un llamado a la introspección y la receptividad que nos invita a reconocer tanto nuestras propias necesidades como las de los demás.

La Acción de Equilibrar.

La acción que define al Tono Rítmico es equilibrar. Equilibrar es la habilidad para dosificar y canalizar nuestras energías de manera efectiva. Se manifiesta en la capacidad de limpiar y sanar, de encontrar el complemento adecuado en cada situación. Es un equilibrio orgánico que significa que la vida está siempre en un estado de crecimiento, evolución y transformación. Por lo tanto, siempre es necesario estar reequilibrando las cosas para que todo fluya con eficiencia, sin esfuerzo, de manera pacífica y armoniosa.

El Poder de Organizar.

El poder del Tono Rítmico es organizar. Este poder se manifiesta como una forma de armonía que da a las partes de un todo la organización necesaria para funcionar. Este orden inherente es una forma de armonía que equilibra las fuerzas en acción, proporcionando una estabilidad que a su vez compensa desequilibrios. Es un poder donde tanto la conciencia como el compromiso resultan fundamentales para forjar un estado de igualdad y equilibrio sostenible.

QUE HACER EL DIA DEL TONO RÍTMICO

En el día del Tono Rítmico, hay tres aspectos clave a tener en cuenta para guiar nuestras acciones: equilibrar lo necesario para alcanzar la igualdad, y organizar ese equilibrio para lograr esa igualdad que se busca. Inicia tu día dedicando un momento para reflexionar sobre tu capacidad para crear equilibrio y cómo puedes mejorarla. Luego, realiza medidas concretas para equilibrar los recursos y reunir lo necesario para potenciar ese equilibrio. Finalmente, organiza y gestiona la igualdad necesaria para proporcionar equilibrio y capacidad tanto a ti mismo como a los demás. Al seguir estos pasos, estarás haciendo consciente de que el equilibrio es un proceso continuo que requiere nuestra atención y cuidado constantes.

EL TONO RESONANTE

Nombre Maya: UAK
Código: 7
Pulsar: 2da Dimensión de los Sentidos
Función: Sintonizar
Acción: Inspirar
Poder: Canalizar
Pregunta: ¿Cómo puedo sintonizar mi servicio hacia los demás?

DESCRIPCION DEL TONO GALACTICO.

El Tono Resonante nos plantea la pregunta: ¿Cómo puedo sintonizar mi servicio hacia los demás? Este Tono actúa como un mediador en la búsqueda de armonía en nuestras vidas, a través de la sintonización, la inspiración y la canalización. Nos ofrece una oportunidad para encontrar resonancia, alineación divina y un equilibrio místico. Representa al número siete, un número que simboliza lo sagrado y la apertura a los misterios de la vida. En otras palabras, nos ayuda a potenciar nuestra capacidad para sintonizar con energías superiores y a canalizar estas energías.

La Función de la Sintonización.

La función del Tono Resonante es entregar la sintonización. En este contexto, sintonizar significa alinear nuestras vibraciones internas con las energías externas para crear armonía. Es como ajustar una antena interna que nos permite profundizar en los procesos y recibir señales más claras del universo. Esta sintonización es una pausa para escuchar, un momento en el que nos centramos en nuestro silencio interior para conectar con la fuente divina de todo ser.

La Acción de Inspirar.

La acción que define al Tono Resonante es inspirar. Esta habilidad se manifiesta como una puerta abierta para recibir y canalizar energías divinas de forma efectiva. La inspiración actúa como un enlace entre nuestra esencia y la divinidad, permitiéndonos ser conductos de energías elevadas. A través de esta conexión, se nos otorga el poder místico necesario para actuar en armonía con nuestro entorno.

El Poder de Canalizar.

El poder del Tono Resonante es canalizar. Canalizar significa ser el conducto a través del cual fluyen las energías, informaciones y formas. Es como si nuestra columna vertebral se convirtiera en un canal que conecta el cielo y la tierra, permitiéndonos acceder al poder místico y a la inspiración divina. La armonización es el resultado final, el estado en el que estamos completamente alineados con nuestras vibraciones deseadas.

QUE HACER EL DIA DEL TONO RESONANTE

En el día del Tono Resonante, hay tres aspectos clave que debemos considerar para orientar nuestras acciones: sintonizar lo necesario con el objetivo de armonizar nuestro servicio, inspirar esa sintonización, y alcanzar el nivel de servicio armonizado que buscamos. Inicia tu día dedicando un momento para reflexionar sobre tu capacidad para sintonizar con tu entorno y las maneras en que podrías mejorarla. Luego, realiza medidas concretas para inspirar y ser inspirado, reuniendo lo necesario para potenciar esa sintonización. Finalmente, canaliza y gestiona la armonización necesaria de manera que puedas brindar resonancia y alineación, tanto para ti como para quienes te rodean. Al seguir estos pasos, recuerda que mantener un estado de sintonización es una tarea continua que demanda un compromiso y atención que requiere de armonización interna.

EL TONO GALACTICO

Nombre Maya: UAXAK
Código: 8
Pulsar: 3ra Dimensión de la Mente
Función: Integridad
Acción: Modelar
Poder: Inspirar
Pregunta: ¿Cómo vivo lo que creo?

DESCRIPCION DEL TONO GALACTICO.

El Tono Galáctico nos plantea la pregunta: ¿Vivo lo que creo?. Este Tono actúa como una guía en la búsqueda de integridad en nuestras vidas a través de la modelación y la armonización. Nos ofrece una oportunidad para encontrar coherencia, alineación con nuestra esencia y un equilibrio armónico. Representa al número ocho, un número que simboliza la forma y el orden galáctico. En otras palabras, nos ayuda a potenciar nuestra capacidad para modelar nuestra realidad y armonizar nuestras acciones con nuestras creencias, con el fin de generar la integridad en nuestras vidas.

La Función de la Integridad.

La función del Tono Galáctico es entregar la integridad. Este concepto abarca la congruencia, la coherencia interna y la unificación de nuestro ser. La integridad es la esencia interior que nos guía, y nos propone hacer consciente lo que estaba inconsciente; es la justicia aplicada a uno mismo. En este sentido, el Tono Galáctico nos invita a comprometernos a vivir nuestra verdad, a ser modelos para otros y a aceptar nuestras imperfecciones humanas.

La Acción de Modelar.

La acción que define al Tono Galáctico es modelar. Modelar significa sincronizar nuestra mente y cuerpo para crear nuestra propia realidad. Es un acto que nos ayuda a ajustar nuestras acciones y pensamientos a nuestra esencia interior. Es el modelo integral del ser que se nutre de información galáctica y se expresa a través de una mente con autoridad. En este contexto, modelar es también un acto de creatividad y de expresar la integridad del propósito.

El Poder de Armonizar.

El poder del Tono Galáctico es armonizar. Armonizar significa ser el mediador a través del cual fluyen las acciones, pensamientos y emociones. Armonizar es hacer vibrar en unísono; es la sintonía y la integración de todas las partes en un todo coherente. La coherencia es el resultado final, el estado en el que estamos completamente alineados con nuestras acciones y creencias.

QUE HACER EL DIA DEL TONO GALÁCTICO

En el día del Tono Galáctico, hay tres aspectos clave que debemos considerar para orientar nuestras acciones: integrar todo lo que necesitamos en nuestra vida, modelar lo necesario con el objetivo de lograr esa integridad, y armonizar esa modelación para alcanzar el nivel de integridad que buscamos. Inicia tu día dedicando un momento para reflexionar sobre tu capacidad para modelar tu realidad y las maneras en que podrías mejorarla. Luego, realiza acciones concretas para armonizar y ser armonizado. Finalmente, canaliza tu energía hacia la manifestación de esa integridad, sirviendo no solo como un ejemplo para ti mismo sino también como una inspiración para los demás. Al seguir estos pasos, recuerda que para vivir en plena coherencia, debes asegurarte de que cada acción y pensamiento estén en perfecta alineación con tu esencia más pura.

EL TONO SOLAR

●●●●
▬▬▬

Nombre Maya: BOLON
Código: 9
Pulsar: 4ta Dimensión del Tiempo
Función: Intención
Acción: Realizar
Poder: Pulsar
Pregunta: ¿Cómo logro mi propósito?

DESCRIPCION DEL TONO GALACTICO.

El Tono Solar nos plantea la pregunta: ¿Cómo logro mi propósito? Este Tono actúa como un faro que nos orienta en la materialización consciente de nuestros objetivos. Nos ofrece la posibilidad de enfocar con precisión lo que anhelamos y nos impulsa a actuar de manera intencionada para alcanzarlo. Representa al número nueve, un número que simboliza los nueve portales o aberturas en el cuerpo y nos conecta con los Nueve Señores del Tiempo y del Destino (Bolontiku). En otras palabras, nos ayuda a potenciar nuestra capacidad para definir nuestras intenciones, realizar las acciones necesarias y pulsar lo que nos permitirá concretar lo que estamos buscando.

La Función de la Intención.

La función del Tono Solar es entregar la intención. Este concepto representa el deseo deliberado de hacer algo, la verdad que nos motiva y la voluntad que nos conduce a la acción. La intención es la esencia interior que nos orienta y nos sugiere avanzar en la dirección que anhelamos. En este sentido, el Tono Solar nos estimula a encontrar un rumbo definido hacia nuestros objetivos y a concretar nuestras verdaderas aspiraciones.

La Acción de Realizar.

La acción que define al Tono Solar es realizar. Realizar significa llevar al plano físico nuestras intenciones. No basta con únicamente desear o soñar; debemos hacer y concretar. Esta acción actúa como el catalizador que nos mueve, la razón por la cual emprendemos nuestras actividades. En este contexto, la acción se transforma en una fuerza energética, el motor que nos permite expresar y materializar nuestros deseos y objetivos.

El Poder de Pulsar.

El poder del Tono Solar es pulsar. Pulsar representa la vibración que cataliza la realización y la movilización, permitiéndonos elevar nuestras intenciones y acciones a un plano superior. Se manifiesta como un ciclo constante de pulsaciones, generando una corriente de energía que promueve un desarrollo continuo. Es el impulso que nos otorga la resiliencia necesaria para seguir adelante, permitiéndonos concentrar nuestras energías y desatar el potencial latente de nuestras intenciones.

QUE HACER EL DIA DEL TONO SOLAR

En el día del Tono Solar, hay tres aspectos clave que debemos considerar para orientar nuestras acciones: definir claramente nuestra intención, realizar las acciones necesarias para materializar esa intención, y pulsar o activar la energía que permitirá llevar a cabo la intención previamente definida. Inicia tu día tomándote un momento para reflexionar sobre tu habilidad para establecer tus intenciones y cómo podrías perfeccionarla. Luego, realiza acciones específicas para materializar la intención que hayas fijado. Finalmente pulsa tu energía hacia la materialización de esa intención, actuando como una fuente inagotable de energía. Al seguir estos pasos, recuerda que posees todo el poder necesario dentro de ti para alcanzar cualquier meta; solo necesitas alinear tu intención y tu voluntad en la dirección de tu propósito.

EL TONO PLANETARIO

Nombre Maya: LAHUN
Código: 10
Pulsar: 1era Dimensión de la Vida
Función: Manifestar
Acción: Producir
Poder: Perfeccionar
Pregunta: ¿Cómo puedo perfeccionar lo que hago?

DESCRIPCION DEL TONO GALACTICO.

El Tono Planetario nos plantea la pregunta: ¿Cómo puedo perfeccionar lo que hago? Este Tono representa la culminación de un proceso que abarca la manifestación, la producción y el perfeccionamiento del propósito planteado con anterioridad. En este tono, la intención evolutiva se encuentra en su punto más alto, orientada hacia la consumación de ese propósito a través de la acción consciente. Representa al número diez, un número que simboliza la completitud y la totalidad. En otras palabras, nos ayuda a canalizar nuestra energía de manera efectiva para lograr una manifestación que sea realice de forma significativa.

La Función de Manifestar

La función del Tono Planetario es entregar la manifestación. Manifestar es la expresión de la acción y efecto de dar a conocer, expresar o revelar algo con intención y propósito. La manifestación ocurre cuando dirigimos nuestra energía para transformar la materia y, de este modo, crear una nueva realidad. El Tono Planetario nos sugiere que la manifestación debe estar dirigida de manera consciente, ya que solo de esa forma podremos revelar aquello que verdaderamente buscamos.

La Acción de Producir.

La acción que define al Tono Planetario es la de producir. Producir significa llevar al plano de la realidad nuestras manifestaciones. Este tono nos impulsa a llevar a cabo nuestras intenciones, a convertir en realidad nuestras motivaciones. Aquí, la producción es vista como la obtención a través de la acción, una fuerza de movimiento que promueve y trasciende obstáculos, en la cual la intención se convierte en un resultado.

El Poder de Perfeccionar.

El poder del Tono Planetario es el de perfeccionar. Perfeccionar simboliza la habilidad para mejorar y llevar a cabo con excelencia lo que hemos manifestado y producido. Es un acto de aspirar a ser mejor y de actuar con excelencia e impecabilidad. Este poder se manifiesta en el concepto de mejora continua. Es el ámbito en donde la intención evolutiva alcanza su máxima expresión.

QUE HACER EL DIA DEL TONO PLANETARIO

En el día del Tono Planetario, hay tres aspectos clave que debemos considerar para orientar nuestras acciones: definir aquello que queremos manifestar, producir las acciones necesarias para materializar esa manifestación, y perfeccionar aquello que nos permitirá llevar a cabo la manifestación previamente definida. Inicia tu día tomándote un momento para evaluar tus capacidades para concretar aquello que has estado haciendo y cómo puedes perfeccionarlas. Luego, realiza acciones concretas que te lleven a materializar aquello que has decidido manifestar. Finalmente, canaliza tu energía de manera que mejore y eleve la calidad de lo que estás materializando. Al seguir estos pasos, recuerda que creer es crear, pero debes creer con todo tu corazón y aplicar toda la intención y voluntad para obtener resultados. La clave está en sincronizar tus deseos y tu esfuerzo en la dirección correcta.

EL TONO ESPECTRAL

Nombre Maya: BULUK
Código: 11
Pulsar: 2da Dimensión de los Sentidos
Función: Liberar
Acción: Divulgar
Poder: Disolver
Pregunta: ¿Cómo puedo liberarme y dejar ir?

DESCRIPCION DEL TONO GALACTICO.

El Tono Espectral nos plantea la pregunta: ¿Cómo puedo liberarme y dejar ir? Este tono es un llamado a la introspección y a la acción que nos guía hacia la liberación de lo que ya no nos sirve. Este Tono nos invita a disolver aquellas estructuras rígidas y divulgar nuestras verdades más profundas. Representa al número 11, un número que simboliza el poder supremo liberador. Es un número místico que tiene el poder de disolver todo, incluso nuestra comprensión de lo que creemos saber. En otras palabras, nos ayuda a canalizar nuestra energía para lograr una liberación que abra paso a una nueva fase de transformación personal.

La Función de Liberar

La función del Tono Espectral es entregar la liberación. Liberar es la expresión de la acción y efecto de soltar, deshacerse o romper con algo que nos limita. Al liberar lo que ya no debe seguir, se produce un descanso en el proceso de transformación, un reposo que reúne las fuerzas para seguir adelante. Este acto de liberación es también un símbolo de cambio, una desintegración de lo viejo para dar paso a lo nuevo. En este contexto, soltar y dejar ir son más que acciones; son declaraciones de libertad.

La Acción de Divulgar.

La acción que define al Tono Espectral es la de divulgar. Divulgar significa expresar y revelar aquello de lo que nos hemos liberado, tanto a nosotros mismos como al mundo externo. Divulgar es también un momento de consciencia, una declaración interna de lo que somos y de lo que ya no queremos ser. Al divulgar, extendemos las energías de la liberación a todas las áreas de nuestra vida.

El Poder de Disolver.

El poder del Tono Espectral es el de disolver. Disolver simboliza la habilidad para desintegrar y hacer desaparecer lo que hemos liberado y divulgado. Al disolver, hacemos desaparecer las estructuras y hábitos que nos quitan poder, permitiéndonos brillar a nuestra luz más pura. Este acto de disolución desintegra estructuras disonantes, permitiéndonos redimir y declarar libre una acción o un pensamiento.

QUE HACER EL DIA DEL TONO ESPECTRAL

En el día del Tono Espectral, hay tres aspectos clave que debemos considerar para orientar nuestras acciones: definir aquello que queremos liberar, divulgar aquello de lo que nos estamos liberando, y disolver aquello que hemos manifestado anteriormente para liberarnos de él. Inicia tu día tomándote un momento para observar aquello que has estado manifestando y para ver cómo puedes liberarte de ello. Luego, realiza acciones concretas que te lleven a disolver aquello que has decidido liberar. Finalmente, ponte en la posición de divulgar aquello que has liberado para así soltar y hacer espacio para que entre lo nuevo. Al seguir estos pasos, recuerda que la verdadera liberación viene de la acción consciente y del compromiso con tu propio bienestar. No subestimes el poder que cada pequeño acto de liberación, divulgación y disolución tienen para transformar tu vida.

EL TONO CRISTAL

Nombre Maya: LAHAK
Código: 12
Pulsar: 3era Dimensión de la Mente
Función: Cooperar
Acción: Universalizar
Poder: Dedicar
Pregunta: ¿Cómo puedo cooperar con los demás?

DESCRIPCION DEL TONO GALACTICO.

El Tono Cristal nos plantea la pregunta: ¿Cómo puedo cooperar con los demás? Este tono representa la interconexión, la dedicación y la universalización de nuestras acciones. Simboliza la estabilidad compleja que nos guía hacia una convivencia armoniosa y el bien común. Además, está asociado con el número 12, un número que representa la coherencia estable. En otras palabras, el Tono Cristal nos ayuda a canalizar nuestra energía para lograr una cooperación que abra paso a una nueva fase de armonía social y bienestar colectivo.

La Función de Cooperar

La función del Tono Cristal es entregar la cooperación. Esta función nos recuerda que no estamos solos y nos impulsa hacia un papel colectivo en la sociedad. La cooperación es la antítesis de la competencia; es la fuerza que nos lleva a aunar la diversidad y a trabajar en colaboración para el beneficio de todos. En este sentido, colaborar y participar son más que simples acciones; son una forma de vida que prepara el terreno para acciones futuras y que se nutre de la solidaridad y la participación activa de cada individuo.

La Acción de Universalizar.

La acción que define al Tono Cristal es la de universalizar. Universalizar significa extender y generalizar aquello en lo que estamos cooperando, tanto para nosotros mismos como para mundo externo. Es la capacidad de hacer universal lo que es particular, de generalizar lo que es específico. Esta acción nos lleva a descubrirnos y encontrarnos en una comunidad más grande, en sociedades donde la entrega y la atención constituyen el factor común denominador.

El Poder de Dedicar.

El poder del Tono Cristal es el de dedicar. Dedicar simboliza la habilidad para enfocar y aplicar nuestra energía en lo que hacemos. Esta dedicación es una forma de agradecimiento, una manera de honrar la luz interior que todos compartimos. Es el acto de entregarse, de aplicarse y ocuparse de algo o alguien más allá de uno mismo.

QUE HACER EL DIA DEL TONO CRISTAL

En el día del Tono Cristal, hay tres aspectos clave que debemos considerar para orientar nuestras acciones: definir aquello en lo que queremos cooperar, universalizar aquello en lo que estamos cooperando, y dedicarnos plenamente a lo que hemos definido para cooperar. Inicia tu día tomándote un momento para observar aquello que has estado haciendo para cooperar. Luego, realiza acciones concretas que te lleven a universalizar aquello en que has decidido cooperar. Finalmente, ponte en la posición de dedicarte plenamente a lo que has decidido cooperar. Al seguir estos pasos, recuerda que la verdadera cooperación proviene del compromiso con el bien común. No subestimes el poder de la solidaridad, ya que cuando cooperamos estamos compartiendo con los demás nuestros dones y atributos, que no solo nos hacen únicos sino que también son esenciales para el bien colectivo.

EL TONO COSMICO

Nombre Maya: OXLAHUN
Código: 13
Pulsar: 4ta Dimensión del Tiempo
Función: Presencia
Acción: Trascender
Poder: Perdurar
Pregunta: ¿Cómo puedo expandir mi alegría y mi amor?

DESCRIPCION DEL TONO GALACTICO.

El Tono Cósmico nos plantea la pregunta: ¿Cómo puedo expandir mi alegría y mi amor? Este tono representa la culminación de un viaje espiritual y energético, un punto de llegada y partida simultáneos que nos invita a explorar las dimensiones más profundas de nuestra existencia. Además, se encuentra asociado al número 13, un número que simboliza la plenitud cíclica. En otras palabras, el Tono Cósmico nos ayuda a canalizar nuestra energía para lograr una presencia plena que abra paso a una nueva fase de trascendencia y perdurabilidad.

La Función de la Presencia.

La función del Tono Cósmico es generar presencia. La presencia es la habilidad de estar plenamente en el momento, sosteniendo y manteniendo la energía vital que nos une a todo lo que existe. Esta presencia nos permite tener una visión integral de nuestra realidad, abriéndonos a la unión total con el universo y permitiéndonos florecer en nuestra autenticidad. Esta función nos recuerda que no estamos solos y nos impulsa hacia un papel colectivo en el universo. En este sentido, la función del Tono Cósmico nos invita a estar plenamente presentes y conscientes.

La Acción de Trascender.

La acción que define al Tono Cósmico es la de trascender. Trascender significa ir más allá de nuestras limitaciones, impulsados por el conocimiento interno y la transparencia en nuestras intenciones y deseos. Esta acción de trascender se convierte en una especie de magia interior que nos permite ver con una visión más amplia de todo lo que existe, y nos lleva en un vuelo mágico hacia la apertura de nuevas posibilidades.

El Poder de Perdurar.

El poder del Tono Cósmico es el de perdurar. Perdurar simboliza la habilidad para mantenernos en nuestra esencia y en nuestra misión a lo largo del tiempo. Este poder se manifiesta en el logro y la celebración de nuestra vida, en la apertura a recibir los cambios con amor hacia nosotros mismos y hacia la totalidad. Perdurar es la capacidad de mantenernos en un espiral evolutivo, que nos mantiene siempre volviendo al origen.

QUE HACER EL DIA DEL TONO COSMICO

En el día del Tono Cósmico, hay tres aspectos clave que debemos considerar para orientar nuestras acciones: definir aquello en lo que queremos generar presencia, trascender aquello en que hemos estado generando con nuestra presencia, y perdurar en aquello que queremos trascender a través de la presencia. Inicia tu día tomándote un momento para observar aquello que has estado haciendo para generar presencia. Luego, realiza acciones concretas que te lleven a trascender aquello en que has estado trabajando a través de tu presencia. Finalmente, ponte en la posición de hacer perdurar aquello que has decidido trascender. Al seguir estos pasos, recuerda que cada acción y cada momento de presencia son una oportunidad para expandir tu alegría y tu amor. No subestimes el poder de estar plenamente presente, ya que es la clave para abrir las puertas de la trascendencia y la perdurabilidad en tu vida.

ANEXOS

ANEXO I
TABLAS DE SINCRONIZACIÓN

TABLA A: DIA DE NACIMIENTO			
DÍA 1	1	DÍA 17	17
DÍA 2	2	DÍA 18	18
DÍA 3	3	DÍA 19	19
DÍA 4	4	DÍA 20	20
DÍA 5	5	DÍA 21	21
DÍA 6	6	DÍA 22	22
DÍA 7	7	DÍA 23	23
DÍA 8	8	DÍA 24	24
DÍA 9	9	DÍA 25	25
DÍA 10	10	DÍA 26	26
DÍA 11	11	DÍA 27	27
DÍA 12	12	DÍA 28	28
DÍA 13	13	DÍA 29	29
DÍA 14	14	DÍA 30	30
DÍA 15	15	DÍA 31	31
DÍA 16	16		

TABLA B: MES DE NACIMIENTO	
ENERO	0
FEBRERO	31
MARZO	59
ABRIL	90
MAYO	120
JUNIO	151
JULIO	181
AGOSTO	212
SEPTIEMBRE	243
OCTUBRE	13
NOVIEMBRE	44
DICIEMBRE	74

TABLA C: AÑO DE NACIMIENTO			
1936 / 1988	192	1962 / 2014	62
1937 / 1989	37	1963 / 2015	167
1938 / 1990	142	1964 / 2016	12
1939 / 1991	247	1965 / 2017	117
1940 / 1992	92	1966 / 2018	222
1941 / 1993	197	1967 / 2019	67
1942 / 1994	42	1968 / 2020	172
1943 / 1995	147	1969 / 2021	17
1944 / 1996	252	1970 / 2022	122
1945 / 1997	97	1971 / 2023	227
1946 / 1998	202	1972 / 2024	72
1947 / 1999	47	1973 / 2025	177
1948 / 2000	152	1974 / 2026	22
1949 / 2001	257	1975 / 2027	127
1950 / 2002	102	1976 / 2028	232
1951 / 2003	207	1977 / 2029	77
1952 / 2004	52	1978 / 2030	182
1953 / 2005	157	1979 / 2031	27
1954 / 2006	2	1980 / 2032	132
1955 / 2007	107	1981 / 2033	237
1956 / 2008	212	1982 / 2034	82
1957 / 2009	57	1983 / 2035	187
1958 / 2010	162	1984 / 2036	32
1959 / 2011	7	1985 / 2037	137
1960 / 2012	112	1986 / 2038	242
1961 / 2013	217	1987 / 2039	87

UTILIZACION DE LAS TABLAS DE SINCRONIZACIÓN

1. Busca tu día de nacimiento en la Tabla A y anota el número que le corresponde.

2. Busca tu mes de nacimiento en la Tabla B y anota el número que le corresponde.

3. Busca el año de tu nacimiento en la Tabla C y anota el número que le corresponde.

4. Suma todos los números que anotaste de las tablas de sincronización. Si el número es menor que 260, ya tienes el número de tu Kin o Firma Galáctica. Si es mayor a 260, debes restarle 260 y el resultado será el número de tu KIN o Firma Galáctica

5. Ahora, busca en el Módulo Armónico o Matriz Tzolkin (Imagen al final de este anexo) el número de tu KIN o Firma Galáctica. Si trazas una línea recta hacia la izquierda verás el símbolo de tu Sello Solar y sobre el número encontraras el número Maya que representa a tu Tono Galáctico. Ahora puedes ir al siguiente anexo para saber cómo se llama tu Sello Solar y tu Tono Galáctico!

Ejemplos

Fecha 30 de Noviembre de 1982.

1. Tabla A: 30
2. Tabla B: 44
3. Tabla C: 82
4. 30+44+82=156

5. Sello Solar: Guerrero (16)
6. Tono Galáctico: Cósmico (13, dos rayas y 3 puntos)

Por lo tanto la fecha 30 de Noviembre de 1982 es codificada como GUERRERO COSMICO AMARILLO (KIN 156).

Fecha 12 de Marzo de 1980.

1. Tabla A: 12
2. Tabla B: 59
3. Tabla C: 132
4. 12+59+132=203
5. Sello Solar: Noche (3)
6. Tono Galáctico: Galáctica (8, una raya y 3 puntos)

Por lo tanto la fecha 12 de Marzo de 1980 es NOCHE GALÁCTICA AZUL (KIN 203).

Fecha 3 de Diciembre de 1966.

1. Tabla A: 3
2. Tabla B: 74
3. Tabla C: 222
4. 3+74+222=299–260=39
5. Sello Solar: Tormenta (19)
6. Tono Galáctico: Cósmica (13, dos rayas y 3 puntos)

Por lo tanto la fecha 3 de Diciembre de 1966 es TORMENTA COSMICA AZUL (KIN 39).

MODULO ARMÓNICO O MATRIZ TZOLKIN

	1	21	41	61	81	101	121	141	161	181	201	221	241
	2	22	42	62	82	102	122	142	162	182	202	222	242
	3	23	43	63	83	103	123	143	163	183	203	223	243
	4	24	44	64	84	104	124	144	164	184	204	224	244
	5	25	45	65	85	105	125	145	165	185	205	225	245
	6	26	46	66	86	106	126	146	166	186	206	226	246
	7	27	47	67	87	107	127	147	167	187	207	227	247
	8	28	48	68	88	108	128	148	168	188	208	228	248
	9	29	49	69	89	109	129	149	169	189	209	229	249
	10	30	50	70	90	110	130	150	170	190	210	230	250
	11	31	51	71	91	111	131	151	171	191	211	231	251
	12	32	52	72	92	112	132	152	172	192	212	232	252
	13	33	53	73	93	113	133	153	173	193	213	233	253
	14	34	54	74	94	114	134	154	174	194	214	234	254
	15	35	55	75	95	115	135	155	175	195	215	235	255
	16	36	56	76	96	116	136	156	176	196	216	236	256
	17	37	57	77	97	117	137	157	177	197	217	237	257
	18	38	58	78	98	118	138	158	178	198	218	238	258
	19	39	59	79	99	119	139	159	179	199	219	239	259
	20	40	60	80	100	120	140	160	180	200	220	240	260

ANEXO II
TABLAS DE MEMORIZACIÓN

Estas tablas son esenciales para acceder de forma consciente a los códigos del tiempo. A medida que profundices en este conocimiento, es crucial que internalices gradualmente la información contenida en ellas. La Ley del Tiempo utiliza constantemente a estos conceptos en todas sus herramientas. Imagina que son el mapa base para la navegación en el tiempo, la cronomancia, y actúan como la estructura cuatridimensional que necesitas para actuar con confianza.

Empieza por familiarizarte con los símbolos, números y denominaciones de los Sellos Solares y Tonos Galácticos. Una vez que los manejes con soltura y puedas enumerarlos en cualquier secuencia, avanza hacia las tres palabras clave que los definen: su Acción, su Esencia y su Poder. Al dominar esto, habrás desbloqueado su potencial completo. No olvides que la esencia de cada código reside en esas tres palabras, todo lo demás que pueda surgir desde tu interior es una interpretación.

Sin embargo, el viaje hacia el entendimiento de estos códigos es más que una simple memorización; es una transformación interna que te permite conectarte con las dimensiones temporales de manera más profunda. Cada Sello Solar y Tono Galáctico no es únicamente un símbolo o número, sino una llave que abre puertas a realidades y percepciones antes inexploradas. Al asimilar su esencia, no solo ampliarás tu conocimiento sobre ellos, sino también tu capacidad para percibir y comprender como funciona realmente el tiempo cuando es observado desde su propia dimensión y cómo influye constantemente en nuestra existencia.

¡Vamos a revisarlas!

TABLA DE LOS SELLOS SOLARES

20 SELLOS	ACCION	ESENCIA	PODER
1 DRAGÓN	Nutrir	Ser	Nacimiento
2 VIENTO	Comunicar	Aliento	Espíritu
3 NOCHE	Soñar	Intuición	Abundancia
4 SEMILLA	Focalizar	Conciencia	Florecimiento
5 SERPIENTE	Sobrevivir	Instinto	Fuerza Vital
6 ENLAZADOR DE MUNDOS	Igualar	Oportunidad	Muerte
7 MANO	Conocer	Curación	Realización
8 ESTRELLA	Embellecer	Arte	Elegancia
9 LUNA	Purificar	Flujo	Agua Universal
10 PERRO	Amar	Lealtad	Corazón
11 MONO	Jugar	Ilusión	Magia
12 HUMANO	Influenciar	Sabiduría	Libre Voluntad
13 CAMINANTE DEL CIELO	Explorar	Vigilancia	Espacio
14 MAGO	Encantar	Receptividad	Atemporalidad
15 ÁGUILA	Crear	Mente	Visión
16 GUERRERO	Cuestionar	Intrepidez	Inteligencia
17 TIERRA	Evolucionar	Sincronía	Navegación
18 ESPEJO	Reflejar	Orden	Sinfín
19 TORMENTA	Catalizar	Energía	Auto-Generación
20 SOL	Iluminar	Vida	Fuego Universal

TABLA DE LOS TONOS GALÁCTICOS

13 TONOS	PODER	ACCION	ESENCIA
1 • MAGNÉTICO	Unificar	Atraer	Propósito
2 •• LUNAR	Polarizar	Estabilizar	Desafío
3 ••• ELÉCTRICO	Activar	Vincular	Servicio
4 •••• AUTO-EXISTENTE	Definir	Medir	Forma
5 — ENTONADO	Empoderar	Comandar	Radiancia
6 —• RÍTMICO	Organizar	Equilibrar	Igualdad
7 —•• RESONANTE	Canalizar	Inspirar	Sintonizar
8 —••• GALÁCTICO	Armonizar	Modelar	Integridad
9 —•••• SOLAR	Pulsar	Realizar	Intención
10 ═ PLANETARIO	Perfeccionar	Producir	Manifestar
11 ═• ESPECTRAL	Disolver	Divulgar	Liberar
12 ═•• CRISTAL	Dedicar	Universalizar	Cooperar
13 ═••• CÓSMICO	Perdurar	Trascender	Presencia

SISTEMA NUMÉRICO VIGESIMAL

• UN PUNTO = 1

— UNA RAYA = 5

⊖ UN CIRCULO Y UNA RAYA = 0 o 20

ANEXO III
DEFINICIONES Y ESQUEMAS DE ORGANIZACIÓN DE LOS SELLOS SOLARES

RAZA RAIZ

Las Razas Raiz simbolizan al génesis cuatridimensional de las Razas Humanas de acuerdo con el código de color: Rojo, Blanco, Azul, Amarillo. Son la base de la rotación de los 20 Sellos Solares.

Raza Roja: Inicia

La tribu del **Dragón Rojo** inicia el nacimiento.

La tribu de la **Serpiente Roja** almacena el nacimiento como fuerza vital.

La tribu de la **Luna Roja** procesa la fuerza vital como agua universal.

La tribu del **Caminante del Cielo Rojo** expresa el agua universal como espacio.

La tribu de la **Tierra Roja** auto-regula el espacio como navegación.

Raza Blanca: Refina

La tribu del **Viento Blanco** inicia el espíritu.

La tribu del **Enlazador de Mundos Blanco** almacena el espíritu como muerte.

La tribu del **Perro Blanco** procesa la muerte como corazón.

La tribu del **Mago Blanco** expresa el corazón como atemporalidad.

La tribu del **Espejo Blanco** auto-regula la atemporalidad como sin fin.

Raza Azul: Transforma

La tribu de la **Noche Azul** inicia la abundancia.

La tribu de la **Mano Azul** almacena la abundancia como realización.

La tribu del **Mono Azul** procesa la realización como magia.

La tribu del **Águila Azul** expresa la magia como visión.

La tribu de la **Tormenta Azul** auto-regula la visión como auto-generación.

Raza Amarilla: Madura

La tribu de la **Semilla amarilla** inicia el florecimiento

La tribu de la **Estrella Amarilla** almacén el florecimiento como elegancia.

La tribu del **Humano Amarillo** procesa la elegancia como libre voluntad.

La tribu del **Guerrero Amarillo** expresa la libre voluntad como inteligencia.

La tribu del **Sol Amarillo** auto-regula la inteligencia como fuego universal.

FAMILIAS TERRESTRES

Las 5 Familias Terrestres corresponden a la colocación del código cromático 1:5 de los 20 Sellos Solares. Cada Familia Terrestre consiste en cuatro Sellos Solares que recapitulan el código de cuatro colores primarios. Además, las Familias Terrestres, en conjunto con los 13 Tonos Galácticos codifican los Anillos de transito de cada Kin Planetario en su ciclo Siriano de 52 años.

Familia Polar: Son los encargados de sintonizar la energía de la Fuerza G o Quinta Fuerza.

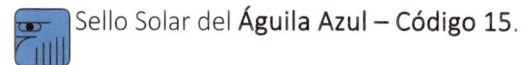

Sello Solar de la **Serpiente Roja** – Código 5.

Sello Solar del **Perro Blanco** – Código 10.

Sello Solar del **Águila Azul** – Código 15.

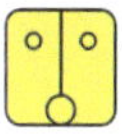

Sello Solar del **Sol Amarillo** – Código 0 o 20.

Familia Cardinal: Son los iniciadores de períodos evolutivos trascendentes en el planeta.

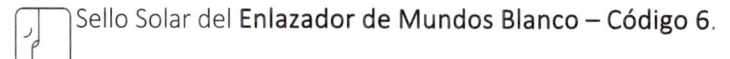

Sello Solar del **Dragón Rojo** – Código 1.

Sello Solar del **Enlazador de Mundos Blanco** – Código 6.

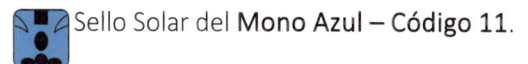

Sello Solar del **Mono Azul** – Código 11.

Sello Solar del **Guerrero Amarillo** – Código 16.

Familia Central: Son los encargados de construir los túneles del tiempo para viajar entre el pasado, presente y futuro.

Sello Solar de la **Tierra Roja** – Código 17.

Sello Solar del **Viento Blanco** – Código 2.

Sello Solar de la **Mano Azul** – Código 7.

Sello Solar del **Humano Amarillo** – Código 12.

Familia Señal: Son los encargados de descifrar los misterios ya que nos revelan claves para comprenderlos.

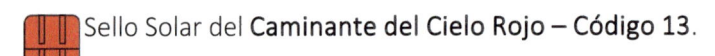

Sello Solar del **Caminante del Cielo Rojo** – Código 13.

Sello Solar del **Espejo Blanco** – Código 18.

Sello Solar de la **Noche Azul** – Código 3.

Sello Solar de la **Estrella Amarilla** – Código 8.

Familia Portal: Son los encargados abrir las puertas dimensionales, son los encargados de codificar los Anillos Solares.

Sello Solar de la **Luna Roja** – Código 9.

Sello Solar del **Mago Blanco** – Código 14.

Sello Solar de la **Tormenta Azul** – Código 19.

Sello Solar de la **Semilla Amarilla** – Código 4.

CLANES

Los Clanes representan al movimiento del 5, de la Quinta Fuerza o Fuerza G. En este sentido, cada Clan es una agrupación de 5 Sellos Solares que ser relacionan con 4 elementos galácticos: Fuego, Sangre, Verdad y Cielo. Además cada agrupación se encuentra representadas en los dedos de nuestras manos y pies.

Clan Fuego: Comienza y finaliza con un Sello Solar perteneciente a la Raza Amarilla. También se le conoce como la Cromática Amarilla.

- Sello Solar de la **Sol Amarillo – Código 20**. Dedo pulgar de la mano derecha.
- Sello Solar del **Dragón Rojo – Código 1**. Dedo índice de la mano derecha.
- Sello Solar del **Viento Blanco – Código 2**. Dedo mayor de la mano derecha.
- Sello Solar de la **Noche Azul – Código 3**. Dedo anular de la mano derecha.
- Sello Solar de la **Semilla Amarilla – Código 4**. Dedo meñique de la mano derecha.

Clan Sangre: Comienza y finaliza con un Sello Solar perteneciente a la Raza Roja. También se le conoce como la Cromática Roja.

- Sello Solar de la **Serpiente Roja – Código 5**. Dedo pulgar del pie derecho.
- Sello Solar del **Enlazador de Mundos Blanco – Código 6**. Dedo índice del pie derecho.
- Sello Solar de la **Mano Azul – Código 7**. Dedo mayor del pie derecho.
- Sello Solar de la **Estrella Amarilla – Código 8**. Dedo anular del pie derecho.
- Sello Solar de la **Luna Roja – Código 9**. Dedo meñique del pie derecho.

Clan Verdad: Comienza y finaliza con un Sello Solar perteneciente a la Raza Blanca. También se le conoce como la Cromática Blanca.

- Sello Solar del **Perro Blanco – Código 10**. Dedo pulgar del pie izquierdo.
- Sello Solar del **Mono Azul – Código 11**. Dedo índice del pie izquierdo.
- Sello Solar del **Humano Amarillo – Código 12**. Dedo mayor del pie izquierdo.
- Sello Solar del **Caminante del Cielo Rojo – Código 13**. Dedo anular del pie izquierdo.
- Sello Solar del **Mago Blanco – Código 14**. Dedo meñique del pie izquierdo.

Clan Cielo: Comienza y finaliza con un Sello Solar perteneciente a la Raza Azul. También se le conoce como la Cromática Azul.

- Sello Solar del **Aguila Azul – Código 15**. Dedo pulgar de la mano izquierda.
- Sello Solar del **Guerrero Amarillo – Código 16**. Dedo índice de la mano izquierda.
- Sello Solar de la **Tierra Roja – Código 17**. Dedo mayor de la mano izquierda.
- Sello Solar del **Espejo Blanco – Código 18**. Dedo anular de la mano izquierda.
- Sello Solar de la **Tormenta Azul – Código 19**. Dedo meñique de la mano izquierda.

CÉLULA DE TIEMPO

Los Sellos Solares también se pueden agrupar en Células de Tiempo, las cuales representan a una secuencia de 4 Sellos Solares (y también 4 Kines) que se encuentran codificados por los 4 colores primarios: Rojo, Blanco, Azul y Amarillo. Las 5 células de tiempo organizan la secuencia de 20 Sellos Solares en su función de formar un cuerpo de tiempo, es decir, la unidad de medida más pequeña en movimiento. Además, cuando las sincronizamos con los Tonos Galácticos, es decir, como Kines, las células se transforman en 65 Armónicas de Células de Tiempo por giro galáctico (65 x 4 = 260) y, a su vez, dan forma a lo que se conoce como el Libro del Kin en el Encantamiento del Sueño.

Célula de Entrada: Informan la conciencia galáctica del tiempo.

Sello Solar del **Dragón Rojo** – Código 1.

Sello Solar del **Viento Blanco** – Código 2.

Sello Solar de la **Noche Azul** – Código 3.

Sello Solar de la **Semilla Amarilla** – Código 4.

Célula de Almacén: Recuerdan la conciencia galáctica del tiempo.

Sello Solar de la **Serpiente Roja** – Código 5.

Sello Solar del **Enlazador de Mundos Blanco** – Código 6.

Sello Solar de la **Mano Azul** – Código 7.

Sello Solar de la **Estrella Amarilla** – Codigo 8.

Célula del Proceso: Formulan la conciencia galáctica del tiempo.

Sello Solar de la **Luna Roja – Código 9**.

Sello Solar del **Perro Blanco – Código 10**.

Sello Solar del **Mono Azul – Código 11**.

Sello Solar del **Humano Amarillo – Código 12**.

Célula de Salida: Expresan la conciencia galáctica del tiempo.

Sello Solar del **Caminante del Cielo Rojo – Código 13**.

Sello Solar del **Mago Blanco – Código 14**.

Sello Solar del **Águila Azul – Código 15**.

Sello Solar del **Guerrero Amarillo – Código 16**.

Célula de Matriz: Autoregulan la conciencia galáctica del tiempo.

Sello Solar de la **Tierra Roja – Código 17**.

Sello Solar del **Espejo Blanco – Código 18**.

Sello Solar de la **Tormenta Azul – Código 19**.

Sello Solar del **Sol Amarillo – Código 20**.

ORGANIZACIÓN Y DISTINTOS ORDENES

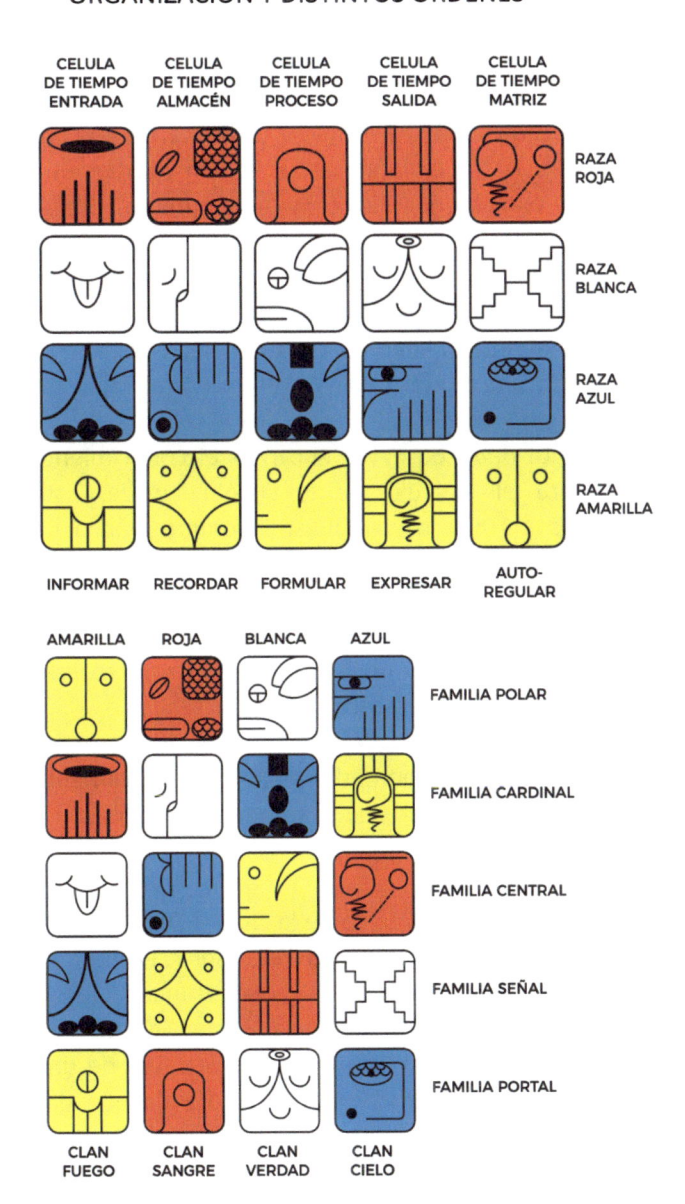

	CELULA DE TIEMPO ENTRADA	CELULA DE TIEMPO ALMACÉN	CELULA DE TIEMPO PROCESO	CELULA DE TIEMPO SALIDA	CELULA DE TIEMPO MATRIZ	
						RAZA ROJA
						RAZA BLANCA
						RAZA AZUL
						RAZA AMARILLA
	INFORMAR	RECORDAR	FORMULAR	EXPRESAR	AUTO-REGULAR	

	AMARILLA	ROJA	BLANCA	AZUL	
					FAMILIA POLAR
					FAMILIA CARDINAL
					FAMILIA CENTRAL
					FAMILIA SEÑAL
					FAMILIA PORTAL
	CLAN FUEGO	CLAN SANGRE	CLAN VERDAD	CLAN CIELO	

ANEXO IV
ORÁCULO DE LA QUINTA FUEZA

Una vez que hemos identificado nuestro KIN o Firma Galáctica, es tiempo de adentrarnos más en el análisis de la energía que nos codifica. El Oráculo de la Quinta Fuerza es esa herramienta esencial que nos desvela las energías complementarias a nuestro KIN, ofreciéndonos así una perspectiva más profunda y enriquecida. En cada descripción de los Sellos Solares en el Capítulo I, ya se encuentra integrada la base de este Oráculo. Pero es importante señalar que el Kin Guía varía y se debe calcular en función del Tono Galáctico que codifica al Sello Solar de nuestra Firma Galáctica.

Todo Crononauta debe poseer y encarnar el conocimiento sobre cómo opera el Oráculo de la Quinta Fuerza. Este entendimiento nos permite elevar nuestra comprensión a un siguiente nivel. En este proceso de introspección, es fundamental que cada Kin Planetario se vuelva experto en el cálculo de este Oráculo de la Quinta Fuerza. Tras haber memorizado las Tablas de los Sellos Solares y los Tonos Galácticos, el reto es realizar mentalmente las combinaciones entre ambos.

Aunque las aplicaciones modernas pueden hacer estos cálculos de forma automática, aprender a hacerlo manualmente tiene un valor incalculable. Este acto mental nos conecta de manera más profunda con el conocimiento, revelando capas adicionales de entendimiento.

Pero entonces, ¿qué es el Oráculo de la Quinta Fuerza? Cada KIN se define por un Tono Galáctico y un Sello Solar. Pero en su esencia, encontramos a la Quinta Fuerza, que, al manifestarse, potencia y amplía el significado de cada Firma Galáctica. Si describiéramos al Oráculo de la Quinta Fuerza a través de una metáfora, diríamos que el KIN es como el brote de una flor cuatridimensional, por lo que la Quinta Fuerza sería todo el potencial de esa flor desplegada, florecida como una brillante obra de arte.

El Oráculo de la Quinta Fuerza se compone de cuatro energías que complementan nuestro KIN. Estas energías nos muestran cómo nuestra energía debe manifestarse para lograr el equilibrio perfecto entre nuestro cuerpo y mente. Para calcularlo, debemos seguir estos pasos detallados y anotar cada resultado en la siguiente imagen. Te recomiendo que tomes un lapiz y un papel y vayas anotando, puedes comenzar dibujando el diagrama con los cuadros en blanco. Para hacer los cálculos deberás consultar el Anexo II donde están las tablas de memorización:

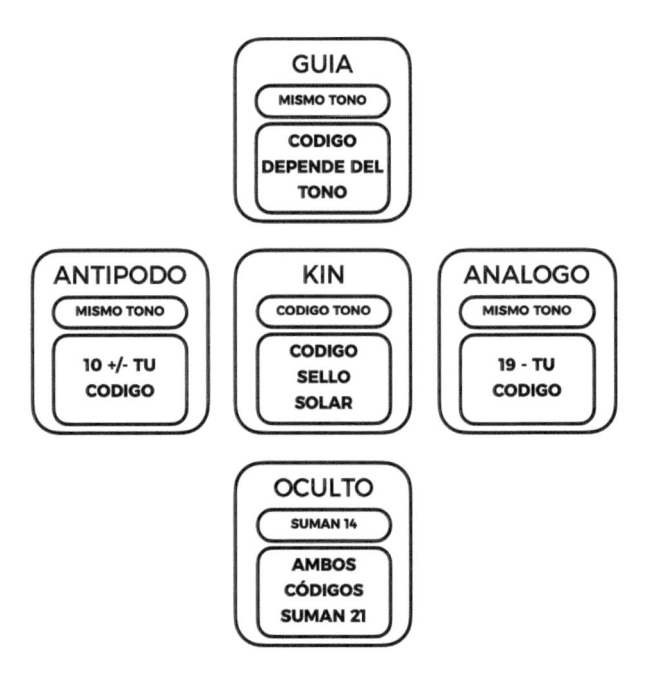

```
              GUIA
           MISMO TONO
            CODIGO
         DEPENDE DEL
             TONO

ANTIPODO      KIN        ANALOGO
MISMO TONO  CODIGO TONO  MISMO TONO
 10 +/- TU   CODIGO       19 - TU
  CODIGO      SELLO       CODIGO
              SOLAR

            OCULTO
           SUMAN 14
            AMBOS
           CÓDIGOS
           SUMAN 21
```

1- En el recuadro del centro debes anotar el número del Sello Solar y el número del Tono Galáctico de tu Firma Galáctica.

2- A la derecha del KIN se encuentra la energía ANALOGA que representa a la energía en la que se apoya y complementa tu KIN, por lo que sintonizan fácilmente ya que cada uno posee todo lo necesario que su energía complementaria necesita. Para saber cuál es tu energía ANALOGA, debes saber primero cual es el número de tu Sello Solar. En mi caso, yo soy un GUERRERO, que posee el código 16 como Sello Solar. Para calcular tu energía ANALOGA lo que debes hacer es restarle al numero 19 tu número o código. En mi caso sería: 19 − 16 = 3. Por lo que el Sello Solar número 3 será la energía ANALOGA a la de mi KIN, es decir, la energía de la NOCHE.

NOTA: En este cálculo, la energía del SOL es utilizada como 0 (cero).

3- A la izquierda del KIN se encuentra la energía ANTIPODA, que representa a la energía que te desafía, la que te impulsa a mejorar. Esta energía siempre pertenecerá a un Sello Solar de tu Familia, y representa a aquel miembro de tu familia que más te cuesta comprender, por lo que aparece como un recordatorio importante sobre aquel desafío que debes superar para logar aquello que viniste a realizar al planeta en esta encarnación. Cuando se logra distinguir a la energía ANTIPODA en otras personas, estas nos muestran gran parte de la enseñanza que se requiere en la vida para crecer, por lo que se debe intentar estar siempre cercano a ellas con el fin de poder comprenderlas. Para calcularla debes sumarle o restarle 10 al código de tu Sello Solar. Si tu número es menor a 10 debes sumarle 10, y si es mayor debes restarle 10. En mi caso, como soy GUERERRO (16) debo restarle 10 a 16, lo que da como resultado el Sello Solar número 6, es decir, que la energía ANTIPODA a mi KIN es la del ENLAZADOR DE MUNDOS.

4- Abajo del KIN se encuentra la energía OCULTA, que representa a la energía que encontramos escondida en lo más profundo de nuestro ser. Es aquella energía que debemos buscar constantemente en nuestro interior ya que es la energía que nos completa. Su búsqueda debe realizarse mediante la meditación y la reflexión, ya que son las formas que se deben cultivar para lograr conectarse con el Yo Interior. Una vez que la encontramos y somos capaces de emularla, obtendremos la fuerza necesaria que nos llevará a cumplir con nuestra misión en el planeta. Para calcularla debes restarle a 21 al código de tu KIN. En mi caso si le restamos el 16 de la energía del GUERRERO al 21, lo que nos da como resultado 5, el Sello Solar de la SERPIENTE.

5- Arriba del KIN se encuentra la energía GUIA, que es la energía que nos muestra el camino que se debe recorrer y la forma que se debe adoptar para cumplir con nuestra misión en el planeta. Actúa como la brújula de nuestro KIN que siempre nos va mostrando el Norte, hacia donde debemos ir. Es la energía consejera, que abre caminos y que nos permite ver más allá. Una vez que tengamos identificadas todas las energías complementarias, debemos concentrarnos en entender cómo utilizarlas. Esto permitirá que nuestra mente pueda volver a sincronizarse con el tiempo de la 4ta dimensión. A diferencia de las otras energías, esta energía es determinada por el Tono Galáctico de nuestro KIN. En mi caso, yo soy GUERRERO (16) COSMICO (13) AMARILLO. Para calcularlo debes seguir con la siguiente fórmula:

A- Sellos con tono: Magnético (1), Rítmico (6), Espectral (11), los guía el mismo Sello Solar del KIN.

B- Sellos con tono: Lunar (2), Resonante (7) y Cristal (12), se les resta 8 al valor del Sello Solar del KIN.

C- Sellos con tono: Eléctrico (3), Galáctico (8) y Cósmico (13) se le suma 4 al valor del Sello Solar del KIN.

D- Sellos con tono: Auto-existente (4) y Solar (9), se le restan 4 al valor del Sello Solar del KIN.

E- Sellos con tono: Entonado (5) y Planetario, (10) se

le suman 8 al valor del Sello Solar del KIN.

*Recuerda que los 20 Sellos Solares son representados como un círculo, por lo que si, por ejemplo, tu código es 2 y le debes restar 8, el resultado sería 14; o si tu código es 15 y le debes sumar 8, el resultado sería 3 . Además, como dato extra, el GUIA siempre debe ser del mismo color o raza que el KIN.

Ahora, en cuanto a los Tonos Galácticos de cada una de estas energías complementarias, los Tonos Galácticos del ANALOGO, ANTIPODO Y GUÍA, siempre serán el mismo Tono Galáctico que la del KIN. En mi caso, como mi KIN es GUERRERO COSMICO AMARILLO, tanto el ANALOGO como el ANITPODO y el GUIA serán del Tono Cósmico. En cuanto al KIN OCULTO, la suma entre el Tono Galáctico del KIN y el Tono Galáctico del KIN OCULTO deberán sumar 14. Por ejemplo, en mi caso, yo soy un GUERRERO COSMICO (13) por lo que mi KIN OCULTO será SERPIENTE (21 – 16 = 5 SERPIENTE) MAGNÉTICA (13+1=14 / Como para llegar al 14 al Cósmico le falta 1, el Tono Galáctico asociado al 1 es el Magnético).

Una vez que hemos identificado las energías que conforman el Oráculo de la Quinta Fuerza, es esencial aplicar este conocimiento en la práctica. Para aprovechar al máximo esta herramienta, es crucial conocer el KIN de aquellos cercanos a nosotros: amigos, familiares, pareja y cualquier individuo con el que tengamos estrecha relación. Esta práctica nos guía sobre dónde enfocar nuestra atención, con quién resonamos y cómo iniciar el movimiento energético en busca del equilibrio. Solo así podremos sentar las bases para movernos en armonía con el planeta, conectarnos con su ritmo, identificar nuestra posición y determinar nuestro propósito individual y colectivo.

Es vital reconocer y acercarnos a las personas que emanan estas energías. Al hacerlo, ambas partes se activarán y sincronizarán energéticamente, recordando que se complementan para mantener el equilibrio. Personalmente, siempre recomiendo que, al identificar a estas personas, busques interactuar con ellas; un simple toque puede intensificar la activación energética. Además, debemos ser observadores atentos. Nuestra misión es entender cómo estas personas, incluso sin conocer su Firma Galáctica, manejan, abrazan y representan su energía intrínseca. Nuestro objetivo es emular y adoptar estas energías para aplicarlas en nuestra vida.

Ahora tienes todas las herramientas para determinar tu Firma Galáctica, tu KIN y tu Oráculo de la Quinta Fuerza.

¡Buen viaje, Crononauta!

Made in the USA
Columbia, SC
10 August 2024